新版

4泳法が もっと楽に! 速く! 泳げるようになる

トレーニング

ロンドン五輪 水泳日本代表トレーナー
小泉圭介（著）

体幹を鍛えることで泳ぎが飛躍的に変わる

体幹を鍛えることで得られる「感覚の違い」

水泳動作の中で、体幹の筋肉は非常に大きな役割を果たしています。水に浮くときに、最も大きな浮力となるのが肺です。肺の浮力を利用して体幹の筋肉を使い、下半身のポジションを引き上げることで重心を前に乗せられるようになるのが、体幹トレーニングの最大の目的です。

泳ぎの中で体幹を使えるようになると、まず感覚としてボディーポジションが変わります。下半身が沈まない高い位置で泳げるようになると、泳いでいるときに手脚の疲労を減らすことができます。泳いでいる以上、水圧を感じるのは同じですが、ボディーポジションが低いと体の前面にブレーキがかかるぶん､感じる水の抵抗も大きくなります。

実際に速く泳げているときは、水をかくのが軽く感じられるものです。これは、水をとらえていないからではなく、自分が進んでいるから軽く感じられるのです。一方で、体が沈んでいても水をかくのが軽く感じられることがあります。この場合は、水の上を手が滑って、水が逃げてしまっているので軽く感じるのがいいわけではありません。うまく泳げているかどうかの判断は、水をか

いているときの感覚ではなく、「思いのほか疲れていないのにタイムがいい」ときがベストです。

体幹を使って下半身を高いポジションに保てるようになれば、より疲れずにより速い「効率のいい泳ぎ」が実現します。

体幹と合わせて大切な胸郭のスムーズな動き

水泳で体幹と合わせて大切なのが胸郭の動きです。胸郭の使い方は、熟練者と非熟練者で大きく異なります。

息を吸い込んだときに、胸郭の下部に空気を入れることができれば、胸郭は左右に広がって、水の中で体が安定します。それとは逆に、胸郭の上部に空気を入れてしまうと、胸郭は前後に丸く広がって、水中で体が回転しやすくなってしまいます。

さらに、胸郭を柔らかく使えるようにすることで、肩甲骨が動きやすくなります。肩甲骨が動くときは、つねに胸郭も動いています。肩甲骨を動かしたいなら、その土台となっている胸郭を柔らかく動かす必要があるのです。

この胸郭や肩甲骨の使い方は水泳ならではの動きです。トレーニングを通じて、これらの水泳独特の感覚をつかめるようになりましょう。

泳ぎのパフォーマンスを上げケガをしない体を作るには陸上トレーニングが不可欠

水泳のための体になることで生じる危険性

スポーツのトレーニングを行なうとき、その競技と同じ動きで鍛えることが大切だと言われています。とはいえ、水泳だから水の中だけでいいということではありません。

水泳選手は、日ごろから水泳の練習で水の中にいることが多いので、もともとリスクがあります。毎日、部活で泳いでいる選手で、「子どものころは陸上でも足が速かったが、成長につれて足が遅なった」というケースをよく見ます。それは、徐々に水泳に特化した体になり、陸上生活に向かない体になってしまっているということです。ウエイトトレーニングということではなく、陸上で体を使って動かすことがほかの競技よりも大切なのです。

それをおろそかにすると、陸上で行なう体育の授業やウエイトトレーニングでケガをしてしまうのです。そうならないためにも、水泳選手は陸上で体を鍛えて、重力に負けない筋力をつけておく必要があります。

また、水泳に特化した体になってしまうことは、もともとの人間の構造に合っていない体になることなので、水泳でも故障しやすくなります。

例えば、平泳ぎ以外の水泳選手はほかの競技の選手とはふくらはぎの形が違います。水泳のキック動作では腓腹筋だけが発達して、ヒラメ筋があまり発達しないのです。また、お尻の筋肉を使わないため、ジャンプ力があまりないのも特徴です。

プールでは鍛えられない筋肉を陸上で補強する

また、水泳ではひざが真っすぐ以上に反る（過伸展）反張ひざの選手が多く見られます。中学生くらいになると反張ひざになってくる選手が増え、それはいい選手ほど顕著に現れます。その原因はまだ研究中ですが、毎日キックで水をとらえ続けた結果、成長過程で水泳に特化した体に変化したのではないかと考えられます。

しかし、反張ひざになることで日常生活におけるひざの負担が大きくなるのは間違いありません。人によっては、ひざの靭帯が機能しなくなったり、走るだけでケガをすることもあります。

これらのリスクを回避するためにも、プールで行なうスイムトレーニング以外に、必ず陸上トレーニングを行なって、陸上生活においても1カ所にストレスが集中しない体作りをしておく必要があります。

CONTENTS

PART6
スタートとターンの能力を高めるトレーニング

PART7
動作の協調性を高めるトレーニング

CONTENTS

本書の見方

本書では、ストリームライン、キャッチ、プル、リカバリー、キック、スタート&ターン、コンビネーションの水泳動作に必要な体の使い方や筋力アップを目的とした陸上でのトレーニングを分かりやすく写真で解説しています。

①技術解説ページ

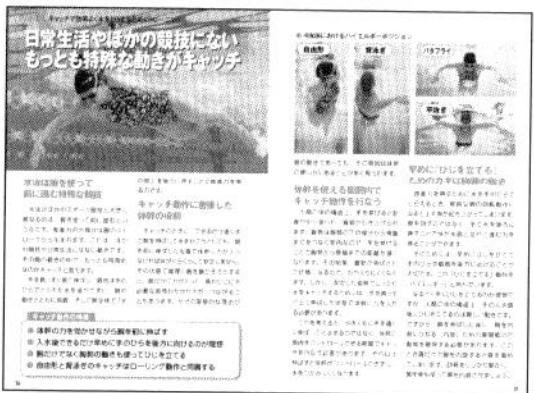

さまざまな技術の種類、そのために必要とされる能力などを紹介

②各泳法での技術解説ページ

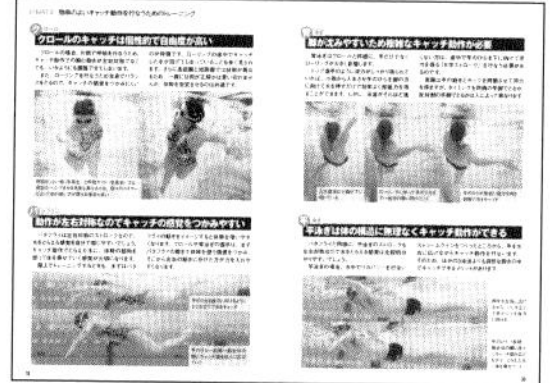

各泳法における水泳動作の特徴などを紹介

③身体能力の解説ページ

その技術を習得するために必要な身体能力を紹介

④トレーニング解説ページ

トレーニングのやり方や注意点などを紹介

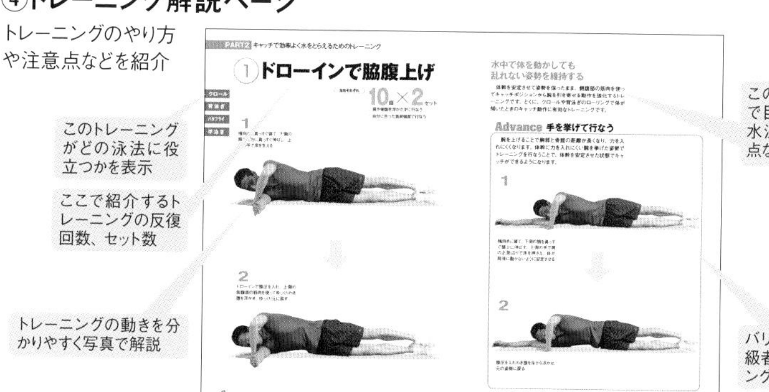

このトレーニングがどの泳法に役立つかを表示

ここで紹介するトレーニングの反復回数、セット数

トレーニングの動きを分かりやすく写真で解説

このトレーニングで目的としている水泳動作や注意点などを解説

バリエーションや上級者向けのトレーニングを紹介

PART 1
スイマーのための体づくりとは

BODY MAKE FOR SWIMMERS

陸上トレーニングで左右差をなくし、感覚を研ぎ澄ませる

水中の動きの感覚は陸上動作と大きく異なる

すべての水泳の動きは、水に浮いた状態での動作です。陸上で行なうほかのスポーツ競技と決定的に異なるのが、つねに水中で浮力を使いながら体を動かすことです。

もともとの筋力や柔軟性は人それぞれ異なりますが、水に浮いて体を動かすときは陸上よりも違いが出やすくなります。

陸上ではつねに重力が働いているため、地面からの反力を得られます。体を動かすときは、地面に接している部分が体を支えてくれるため、多少動きがズレても感覚的に修正できます。

しかし、水中では動作の支えがないため、動きの修正が難しくなります。動作に左右差がある場合は、それが陸上よりも大きくなってしまうのです。

安定した体幹が正しい姿勢と動きを生み出す

本来、水泳動作では満遍なく体を動かすのが理想です。しかし、水中では筋力や柔軟性のアンバランスが強く出てしまうので、なかなか体をうまく動か

せなくなります。この前後左右のズレをもっとも確認しやすいのが、水泳の基本姿勢である「ストリームライン」です。

ストリームラインでの体幹の安定能力を見ることで、どこが動いているか、体のどの部分が硬いか、どの筋力が弱いかなど、個人の癖や弱点が明らかになります。

なぜ、水中動作に陸上トレーニングが必要なのか？

左右の感覚差を確認するための、さまざまな水中トレーニングがあります。しかし、実際、泳ぎの中でのアンバランスは水中トレーニングだけではなかなか矯正できません。そこで、自分で左右差を感じやすい陸上でのトレーニングが必要になります。

例えば、股関節が硬くて可動範囲が狭いと、キックを打ったり、スタートやターンをするときに、骨盤を動かしてしまうので、腰が丸まったり反り返ってしまいます。もし、それがパフォーマンスが悪くなる原因になっている場合、まず必要な可動域を左右均等に確保し、それから陸上で感覚を確認しながら筋力トレーニングを行なう必要があります。

泳ぎの特徴 クロール Crawl

クロールはもっとも体の左右差を生じやすい泳法

クロールの選手には、体が硬い選手が比較的多く見られます。別名「自由形」と呼ばれているだけに、その動作ももっとも自由度が高い泳法と言えます。動作の中で「必ずこうしなければいけない」というルールがないのが特徴です。

それだけに、バタフライや平泳ぎに比べて、クロールは実際に泳いでいるときも左右差が気になりにくい泳法です。逆に言えば、クロールは体のアンバランスがもっとも生じやすい泳法なのです。かなり泳力の高い選手の体を比較しても、さまざまな特徴の選手がいます。

それは、体に左右差があったとしても、呼吸する側を変えるなどの工夫でどうにでも調整できてしまうからかもしれません。

しかし、そのままでいいわけではありません。左右にバランスを崩しやすい泳法だけに、左右の筋力差や柔軟性の違いがある選手は、泳ぎを練習しているときにもさまざまなことに気付くことができると思います。

リカバリーで水上で前に戻した手を再び水に入れる動作

水中で水をかき切った手を水上で前に戻す動作

入水後に手で水をかき始めるときに水をとらえる動作

リカバリーの腕を上げるときに頭を横に向けて呼吸する

腕の動きと同調させて体を左右に傾ける動作。揚力からの推進力も得られる

ひじが肩の辺りにきたところから一気に水を後方に押し出す動作

プルで押し出した水を最後まで逃がさずにかき切る動作

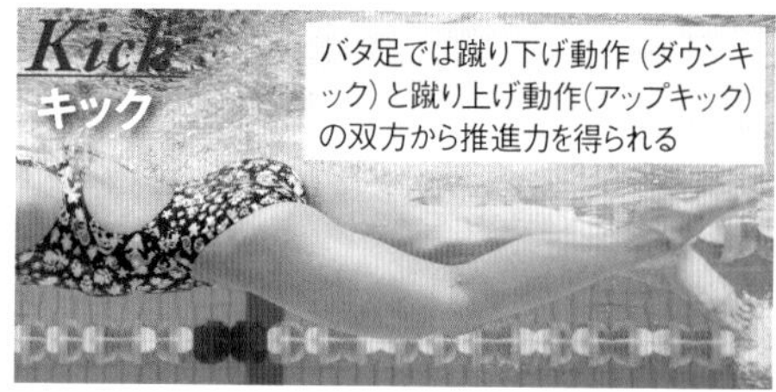

バタ足では蹴り下げ動作（ダウンキック）と蹴り上げ動作（アップキック）の双方から推進力を得られる

泳ぎの特徴 背泳ぎ **Backstroke**

4泳法の中で体をもっとも大きく動かす泳法

一流スイマーを調べた結果、4泳法の中で障害発生率がもっとも少ないのが背泳ぎでした。さらに、ほかの泳法の選手たちと比べて、統計的にほとんど差はありませんが、泳ぎを見る限りでは体が柔らかい選手が多い印象があります。背泳ぎはローリングが大きく、4泳法の中でもっとも大きく体を動かす泳法です。そのため、バタフライや平泳ぎで肋骨の動きが悪い選手は、可動性を高める目的のトレーニングとして背泳ぎをすることもあります。

背泳ぎは4泳法の中で、唯一あお向けの姿勢で泳ぐ泳法です。あお向けでキックを打つため、脚が沈みやすい特徴があります。それを補うために、腕のストローク動作でも、単に推進力を得るだけでなく、浮力を得るための動きが入ってきます。

体を動かすスピードがほかの泳法よりもゆったりしているにもかかわらず、進むスピードが速いため、推進力の面では効率のいい泳ぎと言えます。

入水

入水直前は手のひらを上に向けているが小指から水に入れるイメージで行なう

Recovery リカバリー

親指から水上に上げ、ローリングをしながら腕を上方に動かす。入水までに手のひらの向きが大きく変化する

Catch キャッチ

入水直後に手のひらを下に向けて水をキャッチする

Rolling ローリング

クロールより体を左右に傾けることで、大きく腕を動かせる

Push off プッシュオフ

「S字プル」では、ローリングしながら、最後にお尻の下に水を押し込む

Pull プル

横から見て手がS字軌道になる「S字プル」では、手のひらを少し水面に向け腰の辺りまで後方斜め上に向けて水を押す

Kick キック

蹴り上げ動作（アップキック）から得る浮力も大きく泳ぎに影響する。腰が沈みやすいので注意が必要

泳ぎの特徴 バタフライ Butterfly

セカンドキックでの体幹の安定性が重要なポイント

4泳法でもっとも体力的に疲れるのがバタフライです。バタフライでは、ファーストキック後のプルの印象が強いと思いますが、泳ぎの中でもっとも重要なのは、セカンドキックで体を起こす動作です。

セカンドキックで上半身を起こすときに、キックが中途半端で弱かったり、腹圧が抜けてしまっていると、体が浮き上がって姿勢が立ってしまいます。姿勢が立つことで、上下動の大きなぎくしゃくした泳ぎになってしまいます。

近年、バタフライで主流となっているのは、上下動の少ない水の抵抗を抑えたフラットに近い泳ぎです。

この効率のいい泳ぎを実現するためには、キックを打って上半身を起こしていくときに腹筋の固定力が必要です。ここで体幹が安定していないとボディーポジションが下がって、疲れるわりに進まない泳ぎになってしまいます。バタフライではリズムも大切ですが、腹筋の安定性が極めて重要な要素となります。

Entry 入水

入水後のストリームラインを意識しながら左右対称に手を水中に滑り込ませる

Recovery リカバリー

左右対称に水面近くで横から腕を前に戻す

Breath 息つぎ

セカンドキック後に体を水上に上げて呼吸する

Catch キャッチ

両ひじを立て、手のひらを後方に向けて水をキャッチ

Pull プル

クロールのプルを両手で行なうイメージ。キックとタイミングを合わせて水を後方に一気にかき切る。ここで推進力が最大になる

1st Kick ファーストキック

手のエントリーに合わせて両脚を振り下ろし、ストリームラインを作って進む

2nd Kick セカンドキック

プルのタイミングで両脚をそろえたドルフィンキックで体を水上に上げる

泳ぎの特徴 平泳ぎ *Breaststroke*

平泳ぎのポイントはお尻の筋肉と股関節の可動性

4泳法の中で平泳ぎだけはキックがメインとなる泳ぎです。キックから大きな推進力を得る泳法なので、平泳ぎでは股関節やお尻の動きが大きな役割を果たします。

技術のあるトップスイマーの場合、水を蹴っているにもかかわらずコンクリートの壁を蹴るような感覚を得ることができるといいます。

キックを行なうときに水に足をかけるためには、足の裏をしっかり後方に向ける必要があります。そのためには、股関節を内側にしっかりひねる(内旋)能力が必要です。その一方で、お尻の筋肉を使う泳ぎだけに、股関節が硬くなりやすいという特徴があります。

足が水にかからずに、上半身で引っ張る泳ぎになると、体が立って水の抵抗が大きくなるだけでなく、キックも蹴り下ろしになるため推進力が得られなくなります。

また、バタフライのようにキックで体を起こす感覚だと平泳ぎでは体の位置が下がってしまうので注意が必要です。

Catch キャッチ

ストリームラインから両手を左右に広げながらひじを立てて水をキャッチする

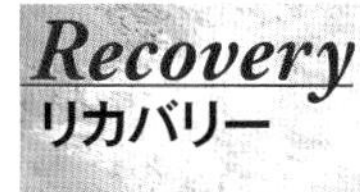

Recovery リカバリー

平泳ぎは4泳法で唯一水中で両手を前に戻す。両手を前に伸ばすタイミングでキックを入れて前に進む

Pull プル

キャッチした水を両手で胸の前に集めるように内側にかき、上体を水上に上げる

Breath 息つぎ

プル動作で上体を持ち上げたときに呼吸を行ない、腕を前に伸ばしながら顔を戻す

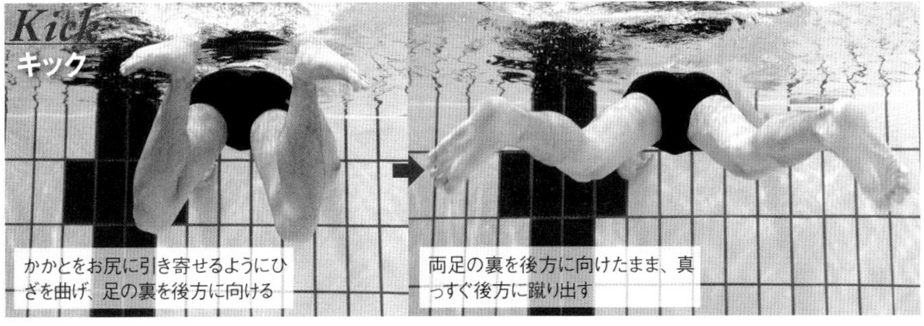

Kick キック

かかとをお尻に引き寄せるようにひざを曲げ、足の裏を後方に向ける

両足の裏を後方に向けたまま、真っすぐ後方に蹴り出す

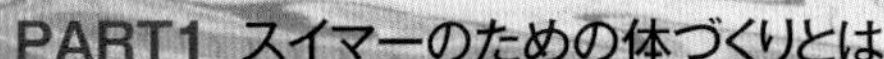

すべての泳法に共通する基本の姿勢「ストリームライン」

4泳法におけるストリームライン

クロール

手の入水後、もう一方の手でかき切って推進力が最大になった瞬間

背泳ぎ

クロールと同様に、手の入水後にもう一方の手でかき切った瞬間

バタフライ

リカバリーハンドの入水後に体が一直線になる

水の抵抗を最も受けない姿勢がストリームライン

ストリームラインとは、水泳のもっとも基本となる姿勢です。

両手を頭の上で重ねて体を真っすぐに伸ばし、水面と並行に進みます。この姿勢を作ることで、体の表面にできる凹凸が最小になります。つまり、水から受ける抵抗を最小にすることができるのです。

４泳法のすべては、ストリームラインの姿勢を基本に手や脚を動かすことで推進力を得て進むことが前提となります。

ストリームラインを作るには安定した体幹が不可欠

初心者が水に入ったとき、その場で体を浮かそうとすると必ず脚が沈んでしまいます。その理由は、浮き袋である肺がしっかり使われていないことと、体が一直線に固定されていないことが

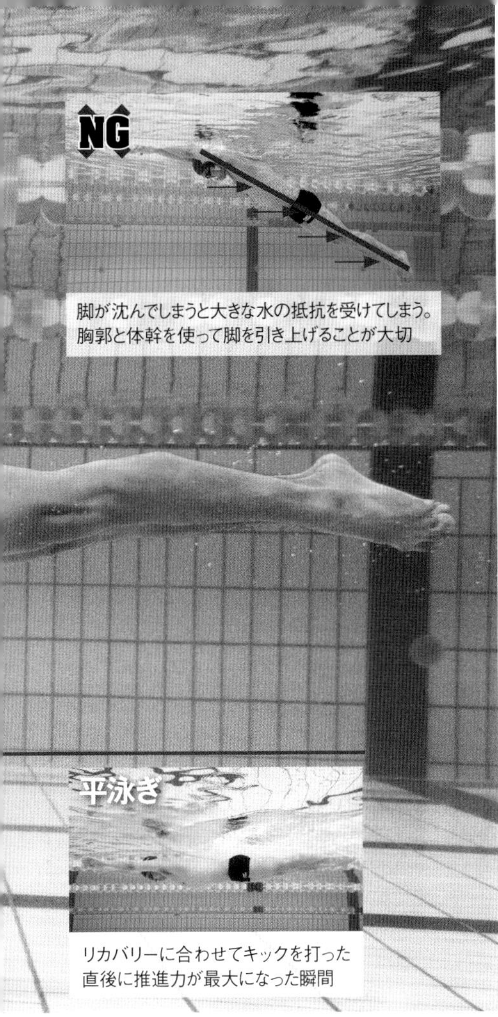

脚が沈んでしまうと大きな水の抵抗を受けてしまう。胸郭と体幹を使って脚を引き上げることが大切

平泳ぎ

リカバリーに合わせてキックを打った直後に推進力が最大になった瞬間

ストリームラインの姿勢

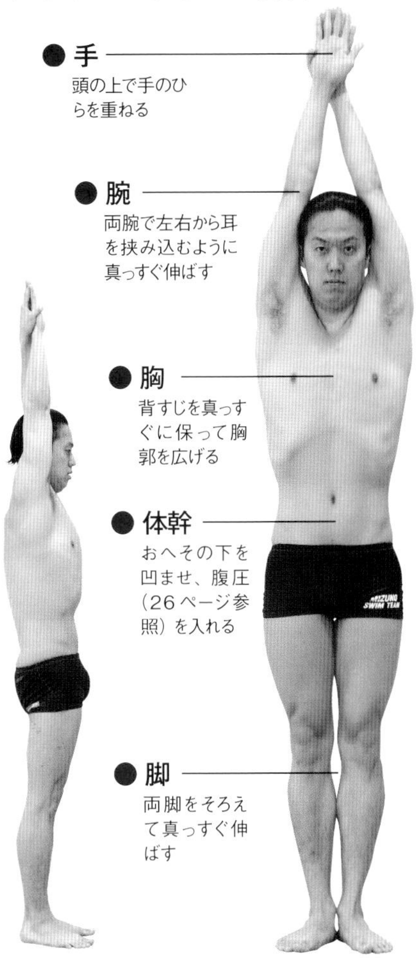

背中が曲がっていると手が真っすぐ上がらない

腰が反ってしまうと、水の中ではお腹が沈んでしまう

原因だと考えられます。

肺は肋骨に囲まれた胸郭の中にあるので、胸郭がしっかり広がらないと、肺の下の方まで空気が入らずに脚は沈んでしまいます。また、脚は重いので体幹が不安定な状態でも自然と脚は下がってしまいます。

体幹の筋肉を使って体を一直線に保ったうえで、手や脚を動かして推進力を得るために、まず体幹部を安定させるためのトレーニングから始めましょう。

正しい「ストリームライン」を作るために必要な身体能力

① 体幹の筋肉「腹横筋」を使えるようにする

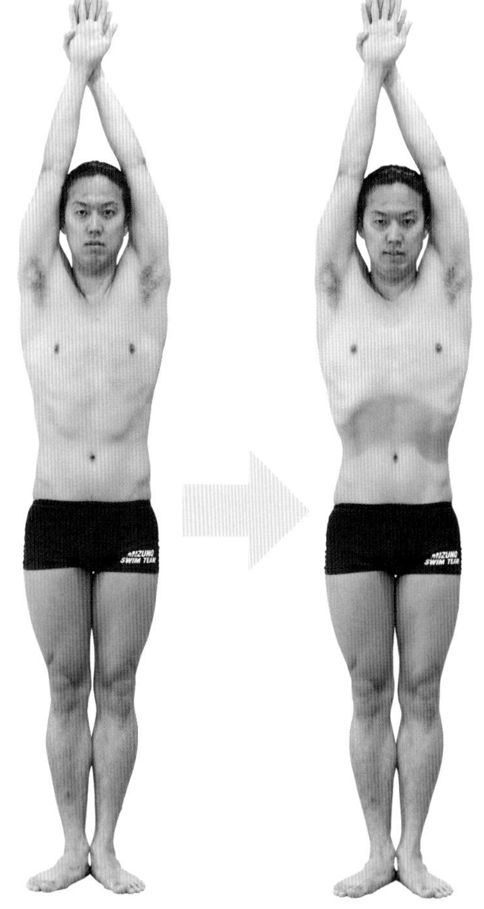

ストリームラインを作ろうとしたときに安定しない場合は、体幹の筋肉が使えていないか、弱いことが考えられます。姿勢を安定させるための体幹の筋肉が腹部の深層にある腹横筋と呼ばれる筋肉です。

腹横筋は背骨に直接ついている筋肉です。この部分には背骨以外の骨が存在しないため、姿勢を安定させるには体幹の筋肉を使う必要があります。

腹横筋を使うには、下腹部を凹ませて腹腔内（ふくくう）（腹膜の内側）の圧力を高めなければいけません。それを「腹圧を高める」と言います。本書で紹介するトレーニングも、基本的に腹圧を高めて行なうものがほとんどです。まずは腹圧を高める「ドローイン（26ページ参照）」を練習してから始めましょう。

4泳法に共通して必要な身体能力

❶ 正しいストリームラインを作るための体幹の筋力（腹圧）
❷ 胸郭のスムーズな動き（肋間筋の柔軟性）
❸ 肩甲骨のスムーズな動き

② 胸椎と胸郭の動きをスムーズにする

水泳の動きの中で、胸椎と胸郭の動きは非常に重要です。胸椎と胸郭がスムーズに動くことで、肩の動きがよくなるのはもちろん、ストリームラインも安定するようになります。

ストリームラインでは、肺に空気を入れた状態で、胸郭の下部を左右に広げるのが理想です。上体の断面を横に広くすることで水中姿勢が安定します。そのためには、胸椎と胸郭の柔らかい動きが必要になります。胸郭を柔らかく動かすためには肋骨同士をつなぐ肋間筋の柔軟性を高める必要があります。

●胸椎の動き

●下部胸郭の動き

胸郭を左右に膨らませることでストリームラインを作ったときの左右の安定性が高まる

NG

胸郭を前後に膨らませると体が左右に回転して安定しない

③ 胸郭の柔軟性が高まると肩甲骨の動きもよくなる

水泳のストロークでは肩甲骨の動きが大切になります。肩甲骨をスムーズに動かすためには、その土台となる胸郭の動きが必要です。

胸郭をスムーズに動かせるようにすると同時に、肩甲骨も動かせるようにすることで、スムーズに腕を動かせるようになります。

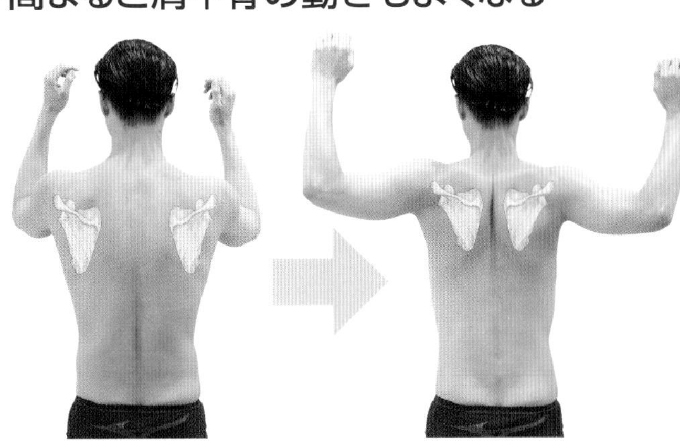

トレーニングを行なう前にやっておきたいストレッチ

トレーニングを始める前のウォーミングアップとしてストレッチをやっておきましょう。可動域を広げてからトレーニングを行なうことで、トレーニング中のケガの予防になると同時に、トレーニング効果も高まります。

ここでは体を動かさずに行なう静的ストレッチを紹介します。ストレッチのときは、対象となる筋肉を意識して、強い痛みを感じない程度に筋肉が伸びている感覚がするところで10〜15秒姿勢を維持しましょう。

これを2〜3回繰り返すことで、徐々に可動域が広がります。

❶ イスに座って行なう胸郭ストレッチ

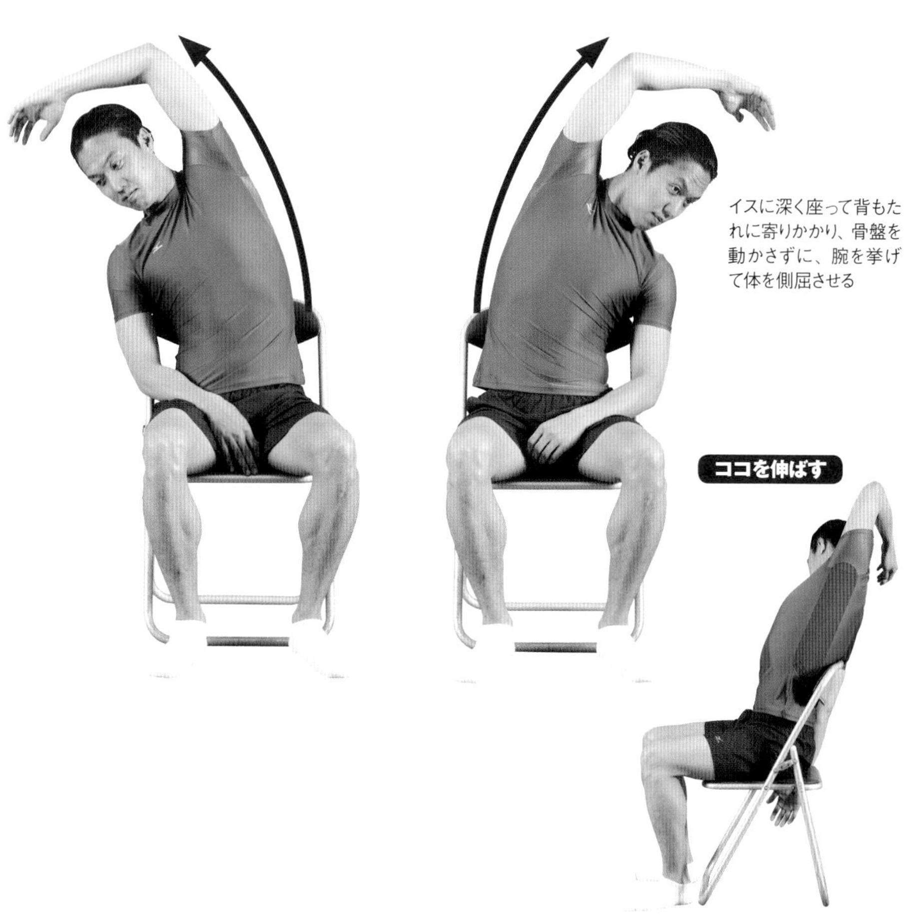

イスに深く座って背もたれに寄りかかり、骨盤を動かさずに、腕を挙げて体を側屈させる

❷ 広背筋ストレッチ

両脚を広げて座り、片方の脚を曲げて伸ばした脚の内側から支える。伸ばした脚の足首を90度に曲げ、つま先を上に向けて、脚を両腕で挟むように上体を倒す

ココを伸ばす

体を倒す方向と逆側の背中の筋肉（広背筋と背骨の横の筋肉）を伸ばす

❸ 胸郭ストレッチ

❷広背筋ストレッチと同じ姿勢で座り、伸ばしている脚側のひじを床につけ、逆側の腕を挙げて上体を側屈させる。曲げている脚側のお尻が床から浮かないように気をつける

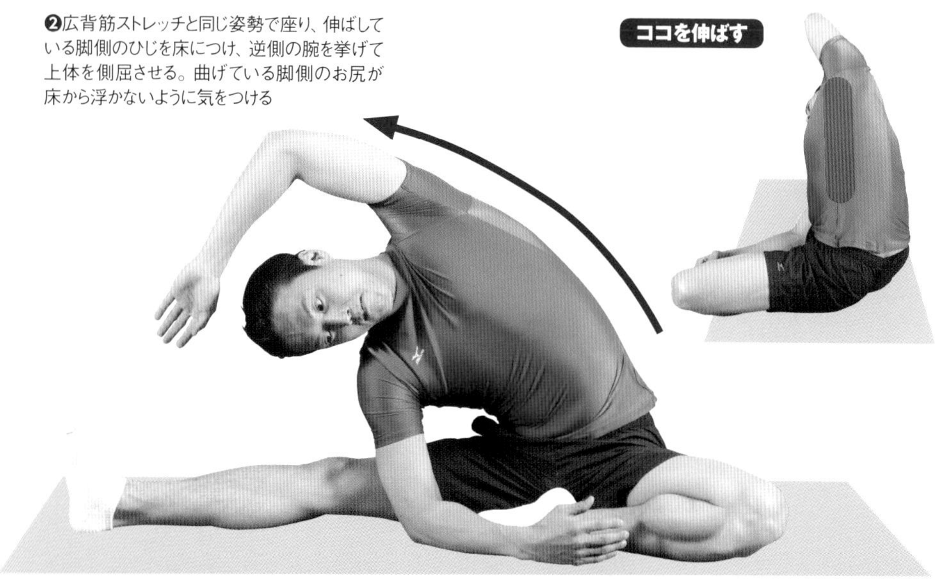

ココを伸ばす

❹ 腸腰筋ストレッチ

片ひざを立てて座り、背すじを伸ばして腰に手を当てて前の足に重心を乗せる。後ろの脚のひざの位置を変えずに腰を前に移動させる。骨盤が外側に開かないように注意する

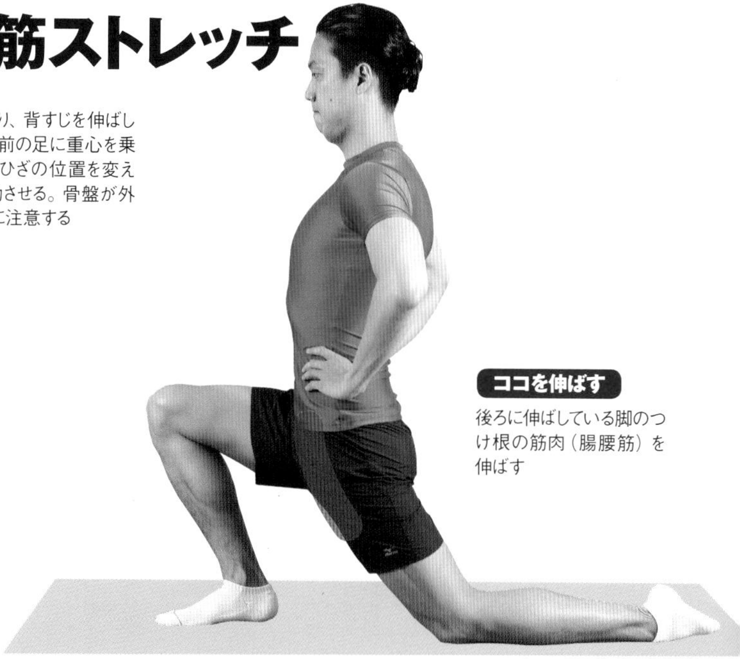

ココを伸ばす

後ろに伸ばしている脚のつけ根の筋肉（腸腰筋）を伸ばす

⑤ あお向け大腿四頭筋ストレッチ

片脚のひざを曲げ、足の甲を床につけて上体を後方に倒してあお向けになる。曲げた脚のかかとがお尻の横辺りにくるようにする

ココを伸ばす

曲げている脚の太もも前面の筋肉（大腿四頭筋）を伸ばす

⑥ 横向き大腿四頭筋ストレッチ

横向きに寝て、下側の腕と脚を前に伸ばし、脚はひざを90度に曲げ、体が前後に倒れないように姿勢を安定させる。上側の手で足の甲を持ち、かかとをお尻に近づけるように引く

ココを伸ばす

上側の脚の太もも前面の筋肉（大腿四頭筋）を伸ばす

正しい「ストリームライン」を作るためのトレーニング

トレーニングを行なう前にドローインで腹圧の入れ方を練習しよう

トレーニングを始める前に水泳の基本姿勢「ストリームライン」を作るために必要な腹圧の入れ方を練習しておきましょう。力まずに体幹を安定させるには、この腹圧の入れ方が非常に大切になります。

1

腰の下に丸めたタオルを置いてあお向けに寝る

2

下腹部を凹ませお腹の表面をフラットにしたまま、腰でタオルを押すように骨盤を丸める。おへそ辺りの腹直筋が浮き上がらないように注意しながら、呼吸は胸部で浅く行なう

腹圧が入っているか指で押して確認してみよう

おへそのななめ下辺りは、腹圧を高めるときに力を入れる腹横筋を触れる部分です。ドローインをしたときに、この部分を指で押して、腹圧が入っているかどうか、確認してみましょう。

腹圧が抜けた状態

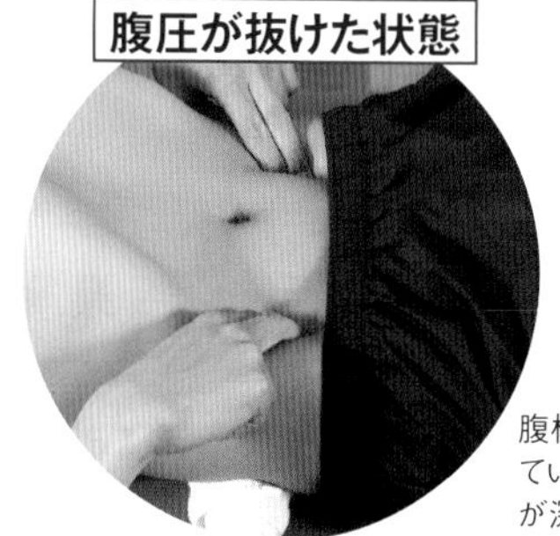

腹横筋に力が入っていないときは指が深く入る

腹圧が入った状態

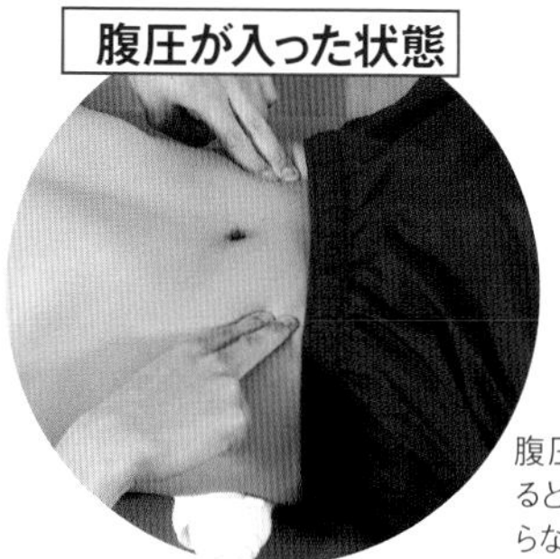

腹圧が入っているときは指が入らない

①ドローインで片脚上下

左右それぞれ 10回 × 2セット

※ 腰が反らないように注意する

※ 自分に合った負荷強度で行なう

クロール

背泳ぎ

バタフライ

平泳ぎ

1

腰の下に丸めたタオルを置いてあお向けに寝てドローインした状態から、片ひざを立て、もう一方の脚を伸ばしたまま床から少し浮かせる

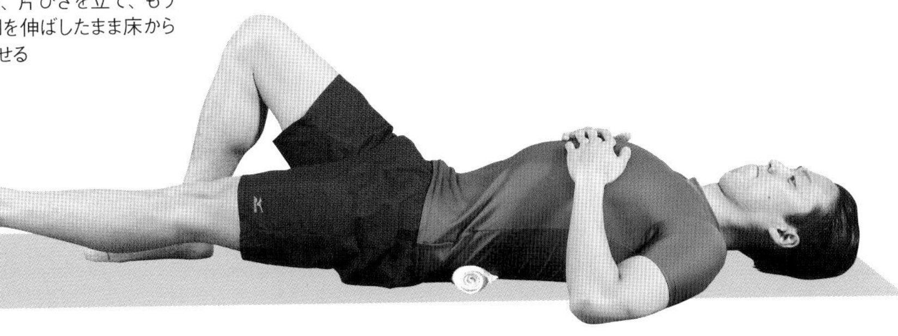

2

伸ばした脚をもう一方の脚の太ももと並行になるところまでゆっくり上げ、ゆっくり元の姿勢に戻る

Advance① ストレッチポールの上で行なう

左右に不安定な体勢で行なう片脚上下です。左右にバランスを崩さないためには、腹圧を入れて体幹を安定させて脚を動かす必要があります。

1

ストレッチポールの上であお向けに寝て、腹圧を入れ、胸の前で腕を組む。片ひざを立て、もう一方の脚を伸ばしたまま水平より少し浮かせた姿勢からスタートする

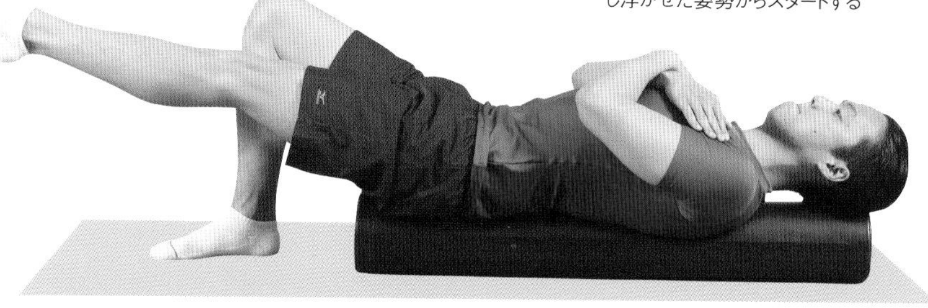

2

伸ばした脚を水平から45度くらいのところまでゆっくり上げ、元の姿勢にゆっくり戻す。左右にバランスを崩さないように腹圧を入れて体幹を安定させることが大切

Advance② ストレッチポールの上で手を挙げて行なう

手を挙げることで胸郭が引き上げられ、重心の位置が高くなるため、バランスをとりにくくなります。さらに不安定なストレッチポールの上で行なうことでトレーニング強度が高くなります。

1

ストレッチポールの上であお向けに寝て、腹圧を入れ、上半身でストリームラインの姿勢をとる。片ひざを立て、もう一方の脚を伸ばしたまま水平より少し浮かせた姿勢からスタートする

2

伸ばした脚を水平から45度くらいのところまでゆっくり上げ、元の姿勢にゆっくり戻す。左右にバランスを崩さないように腹圧を入れて体幹を安定させることが大切

②ドローインで片脚広げ

左右それぞれ 10回 × 2セット

※ 骨盤をねじらないように行なう
※ 自分に合った負荷強度で行なう

1

腰の下に丸めたタオルを置いて、あお向けに寝る。腹圧を入れ、片ひざを立て、その太ももと並行になるところまでもう一方の脚を伸ばしたまま上げる

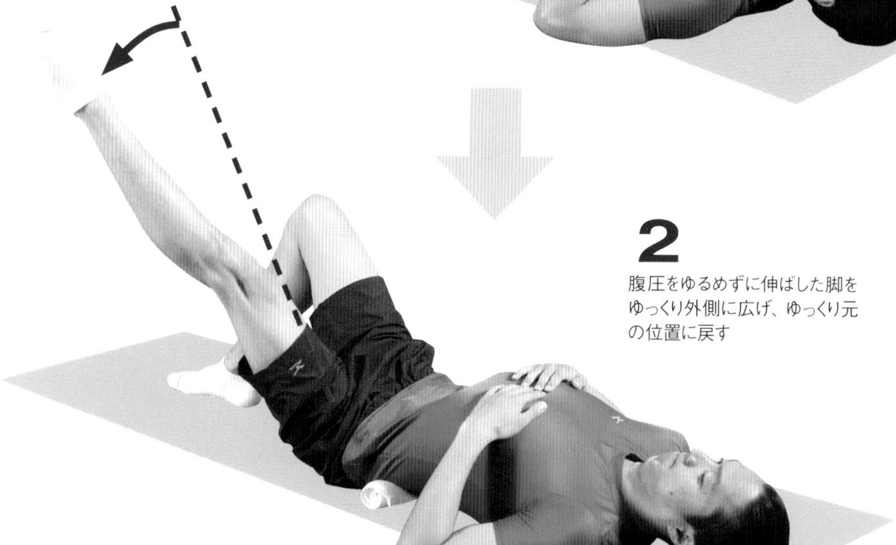

2

腹圧をゆるめずに伸ばした脚をゆっくり外側に広げ、ゆっくり元の位置に戻す

Advance① ストレッチポールの上で行なう

左右に不安定な体勢で行なう片脚広げです。左右にバランスを崩さないためには、腹圧を入れて体幹を安定させて脚を動かす必要があります。脚を横に動かすことで重心が動くため上下に動かすときよりバランスを崩しやすくなります。

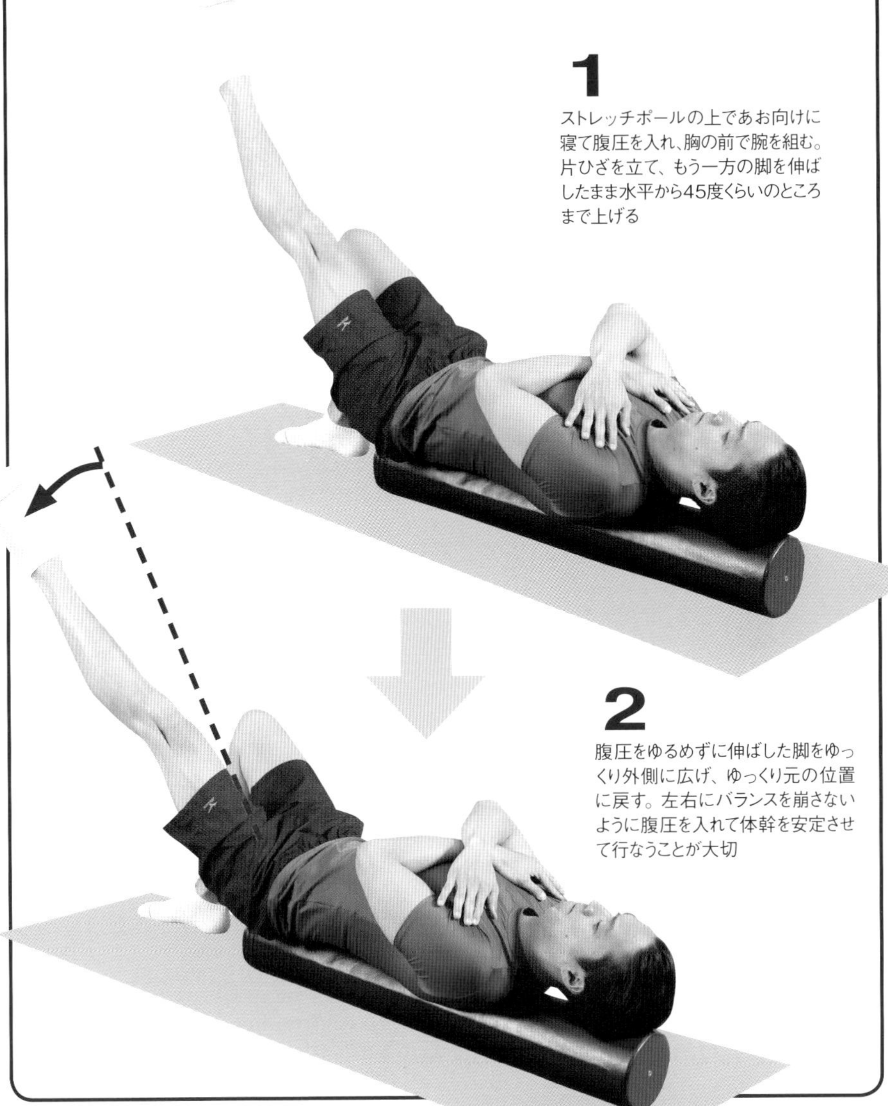

1

ストレッチポールの上であお向けに寝て腹圧を入れ、胸の前で腕を組む。片ひざを立て、もう一方の脚を伸ばしたまま水平から45度くらいのところまで上げる

2

腹圧をゆるめずに伸ばした脚をゆっくり外側に広げ、ゆっくり元の位置に戻す。左右にバランスを崩さないように腹圧を入れて体幹を安定させて行なうことが大切

Advance② ストレッチポールの上で手を挙げて行なう

不安定なストレッチポールの上で、腹圧の入りにくい手を挙げた姿勢で行なうことで、さらに負荷を高めたトレーニングになります。

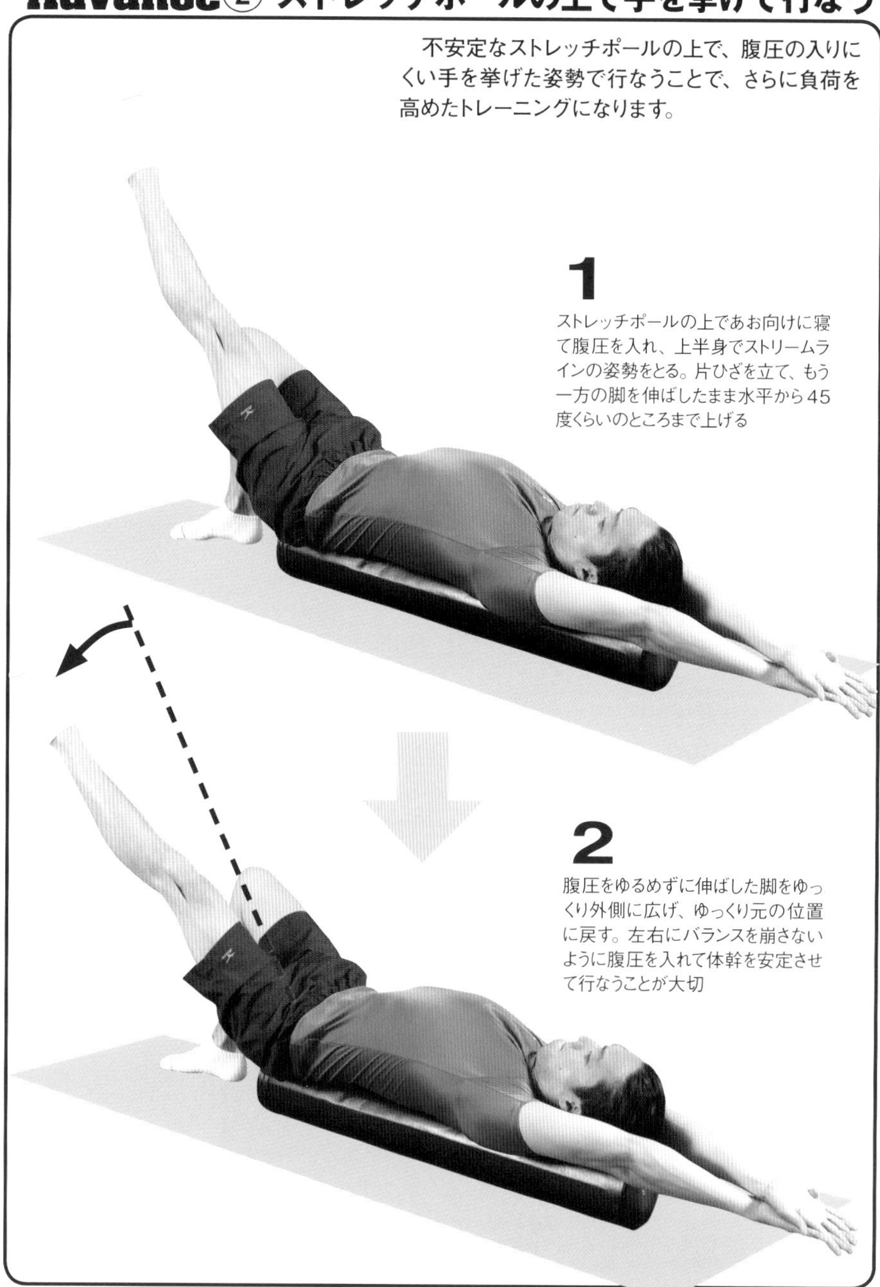

1

ストレッチポールの上であお向けに寝て腹圧を入れ、上半身でストリームラインの姿勢をとる。片ひざを立て、もう一方の脚を伸ばしたまま水平から45度くらいのところまで上げる

2

腹圧をゆるめずに伸ばした脚をゆっくり外側に広げ、ゆっくり元の位置に戻す。左右にバランスを崩さないように腹圧を入れて体幹を安定させて行なうことが大切

③フロントブリッジ

10~15秒×2セット

※ 自分に合った負荷強度で行なう

クロール
背泳ぎ
バタフライ
平泳ぎ

両手と両ひざを床について腹圧を入れ、股関節から頭までを一直線に保つ

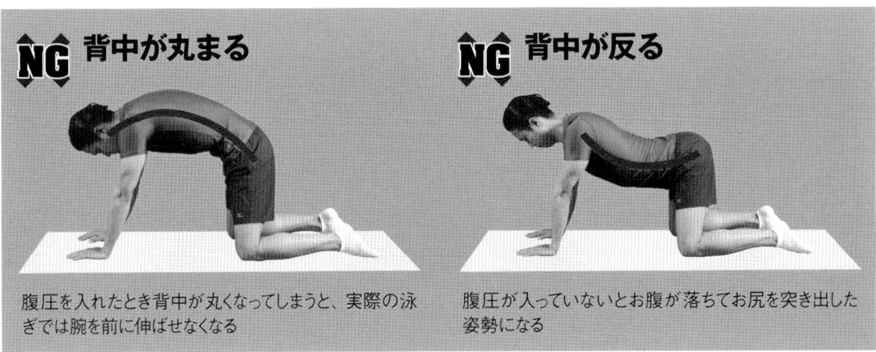

NG 背中が丸まる

腹圧を入れたとき背中が丸くなってしまうと、実際の泳ぎでは腕を前に伸ばせなくなる

NG 背中が反る

腹圧が入っていないとお腹が落ちてお尻を突き出した姿勢になる

Advance① ひじとひざで支持する

股関節を真っすぐに伸ばしてひじとひざで支持するフロントブリッジです。両手両ひざで支持するときより、体幹にかかる負荷が大きくなります。

両ひじと両ひざを床について腹圧を入れ、ひざから頭までを一直線に保つ

NG 背中が丸まる

腕や肩の力で体重を支えていると背中が丸くなる

NG 背中が反る

腹圧が入っていないと腰が反ってお尻が突き出る

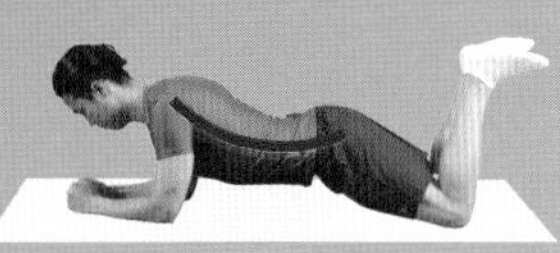

Advance② ひじと足で支持する

ひざを真っすぐに伸ばして行なうフロントブリッジです。両ひじ両ひざで支持するときより、さらに全身にかかる負荷を高めたトレーニングになります。

両ひじと両足を床について腹圧を入れ、足から頭までを一直線に保つ

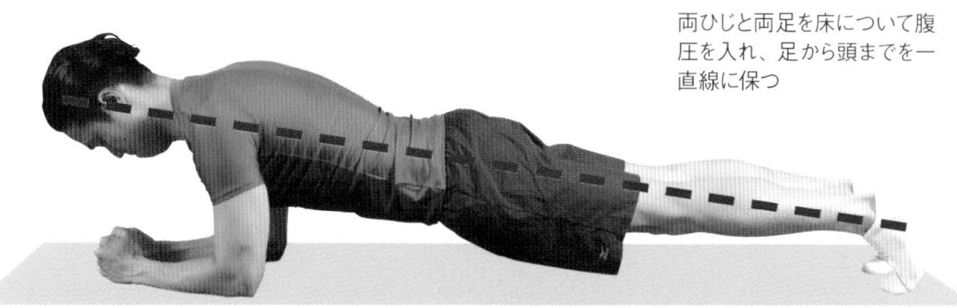

NG 背中が丸まる

腕や肩の力で体重を支えていると背中が丸くなる

NG 背中が反る

腹圧が入っていないと腰が反ってお尻が突き出る

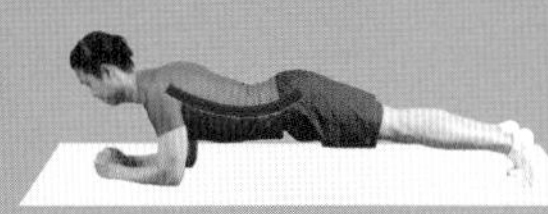

PART 2
キャッチで効率よく水をとらえるためのトレーニング

CATCH

日常生活やほかの競技にない もっとも特殊な動きがキャッチ

水泳は腕を使って前に進む特殊な競技

水泳がほかのスポーツ競技と大きく異なるのは、腕を使って前に進むという点です。推進力の大部分は腕のストロークから生まれます。これは、ほかの競技や日常生活にはない動きです。その腕の動きの中で、もっとも特徴的なのがキャッチと言えます。

手を真っすぐ前に伸ばし、最初は手のひらでとらえた水を逃がさずに、腕の動きとともに前腕、そして腕全体で「水の壁」を後方に押すことで推進力を得るのです。

キャッチ動作に密接した体幹の役割

キャッチのときに、できるだけ遠くまで腕を伸ばして水をかこうとしても、腕を前に伸ばした位置で体幹に力が入らなければ体がぐらぐらして安定しません。その状態で無理に腕を動かそうとすると、腕だけに力が入って、肩やひじに不必要な負荷がかかりケガにつながることもあります。ケガの直接的な理由が

キャッチ動作の特徴

- 体幹の力を効かせながら腕を前に伸ばす
- 入水後できるだけ早めに手のひらを後方に向けるのが理想
- 腕だけでなく胸郭の動きも使ってひじを立てる
- 自由形と背泳ぎのキャッチはローリング動作と同調する

● 4泳法におけるハイエルボーポジション

腕の動きであっても、その原因は体幹の使い方にあることが多く見られます。

体幹を使える範囲内でキャッチ動作を行なう

人間の体の構造上、手を挙げると肋骨が引っ張られ、胸郭が引き上げられます。腹筋は胸郭の下の部分から骨盤までをつなぐ筋肉なので、手を挙げることで胸郭から骨盤までの距離が遠くなります。その結果、腹筋が伸ばされた状態になるので、力が入りにくくなります。しかし、安定した姿勢でしっかり水をキャッチするためには、手を真っすぐ上に伸ばした状態で体幹に力を入れる必要があります。

これを考えると、やみくもに手を遠くに伸ばして入水するのではなく、体幹の筋肉をコントロールできる範囲でキャッチを行なう必要があります。それ以上伸ばすと体幹がコントロールできずに、水をつかみにくくなります。

早めに「ひじを立てる」ためのカギは胸郭の動き

推進力を得るために水を手のひらでとらえるとき、単純な腕の回転動作になると上半身が起き上がってしまいます。腕を回すのではなく、手で水を後ろに押すことで体が水面と並行に進む力を得ることができます。

そのためには、早めにひじを立てて手のひらや前腕を後方に向けることが大切です。この「ひじを立てる」動作を「ハイエルボー」と呼んでいます。

なるべく早くひじを立てるのが理想ですが、人間の体の構造上、手の入水直後にひじを立てるのは難しい動きです。ですから、腕を伸ばした後に、腕を内側にひねる（内旋）ための肩関節の可動域を確保する必要があります。このとき肩だけで腕を内旋すると肩を傷めてしまいます。肋骨をしっかり動かし、肩甲骨も使って肩を内旋させましょう。

ク ロール

クロールのキャッチは個性的で自由度が高い

クロールの場合、片側で呼吸を行なうため、キャッチ動作での腕の動きが左右対称でなくても、いかようにも調整できてしまいます。

また、ローリングを行なうため全身でバランスをとるので、キャッチの感覚をつかみにくいのが特徴です。ローリングの途中でキャッチした水が逃げてしまっていることも多く見られます。さらに長距離と短距離では技術が異なるため、一概には何が正解かは言い切れませんが、体幹を安定させるのは共通です。

呼吸をしない側(写真左)と呼吸をする側(写真右)では、体をローリングさせる角度も異なるため、個々のスイマーによって体の使い方が異なる場合も多い

バ タフライ

動作が左右対称なのでキャッチの感覚をつかみやすい

バタフライは左右対称のストロークなので、水をとらえる感覚を自分で感じやすいでしょう。キャッチ動作でとらえた水に、体幹の筋肉を使って体を乗せていく感覚が大切になります。

陸上でトレーニングするときも、まずはバタフライの動きをイメージすると体幹を使いやすくなります。クロールや背泳ぎの選手は、まずバタフライの動きで体幹を使う感覚をつかみ、そこから左右の動きに分けた方が力を入れやすくなります。

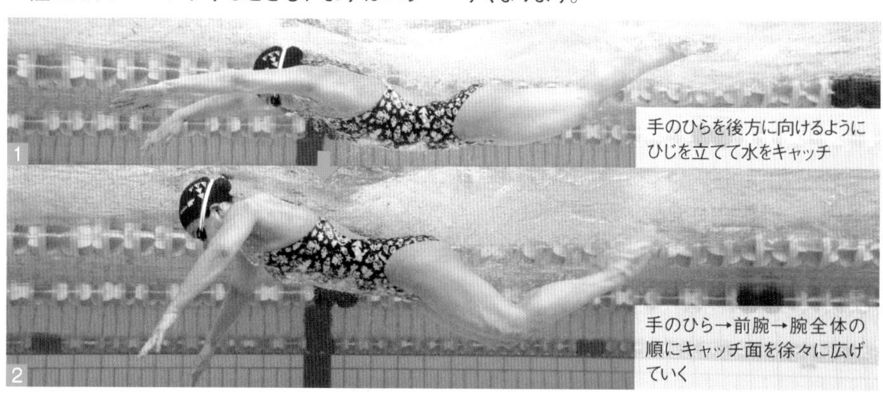

1 手のひらを後方に向けるようにひじを立てて水をキャッチ

2 手のひら→前腕→腕全体の順にキャッチ面を徐々に広げていく

背泳ぎ

脚が沈みやすいため複雑なキャッチ動作が必要

背泳ぎはクロールと同様に、手だけでなくローリングが大きく影響します。

トップ選手のように浮力がしっかり得られていれば、小指から入水させ手のひらを脚の方に向けて水を押すだけで効率よく推進力を得ることができます。しかし、泳速がそれほど速くない人は、途中で手のひらを下に向けて浮力を得る「S字ストローク」を行なう必要があります。

実際は手の動きとキックを同調させて浮力を得ますが、タイミングを同側の手脚でとるか、反対側の手脚でとるかは人によって異なります。

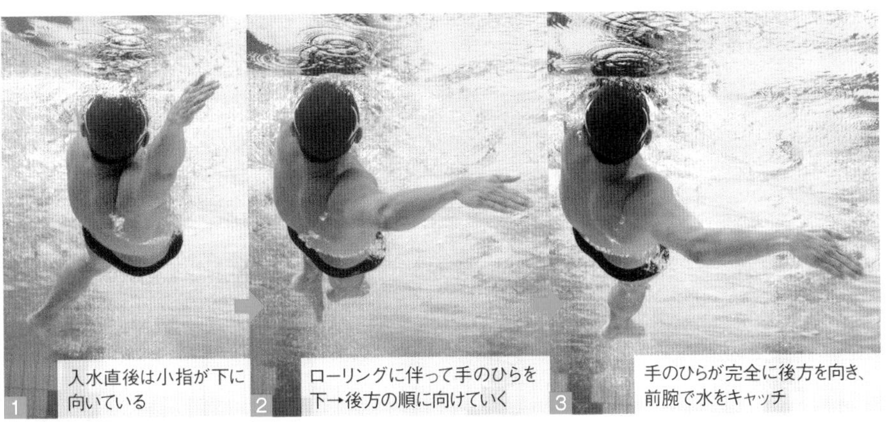

1 入水直後は小指が下に向いている

2 ローリングに伴って手のひらを下→後方の順に向けていく

3 手のひらが完全に後方を向き、前腕で水をキャッチ

平泳ぎ

平泳ぎは体の構造に無理なくキャッチ動作ができる

バタフライと同様に、平泳ぎのストロークも左右対称なので水をとらえる感覚は比較的分かりやすいでしょう。

平泳ぎの場合、水中でリカバリーを行ないストリームラインをつくったところから、手を左右に広げながらキャッチ動作を行ないます。そのため、ほかの3泳法よりも自然な動きの中でキャッチできるメリットがあります。

1 両手を左右に広げながら、ひじを立てて手のひらを後方に向ける

2 手のひら→前腕→腕全体の順に徐々にキャッチ面を広げながら、とらえた水に体を乗せていく

キャッチ動作に必要な身体能力

肋骨の動きをよくすることで、腹筋を使ったキャッチができる

効率のよいキャッチを行なうためには、入水後のできるだけ早いタイミングでひじを立て、腕の筋肉ではなく体幹を効かせて、キャッチした水に体を乗せていくことが大切です。

そのために必要となるのが、胸郭の動きをよくすることです。さらに、キャッチした水をできるだけ逃がさないための握力の強化も必要です。

① 体幹を効かせてキャッチした水に体を乗せる

体幹の筋肉を使ってキャッチ動作を行なうことで、とらえた水にしっかり体を乗せられて、効率よく推進力を得られる

手を高く挙げるほど、胸郭と骨盤の間の距離が長くなるため、腹筋に力が入りにくくなります。しかし、逆に言えばトレーニングとしては、お腹に力を入れたままなるべく遠くまで手を伸ばせるようにすることが大切です。

自分がどこまで腹筋を効かせながら手を伸ばすことができるのかを確認しながら、その距離を徐々に伸ばしていくようにしましょう。

この動きを可能にするためには、肋骨の動きを柔らかくすることも大切になります。

トレーニングで得られる成果

1. 手を挙げた姿勢で腹筋に力が入るようになる
2. 胸郭の可動性（肋間筋の柔軟性）が高まる
3. キャッチした水を逃がさないための小指側の握力強化

②「肩甲骨の動き」=「肋骨の動き」

ハイエルボーでキャッチ動作を行なうときに腹筋に力を入れるためには、腕だけでなく、胸郭から動かす必要があります。

肩を傷めた選手でよく見られるケースとして、肋骨の動きが悪いことがあります。腕だけを動かすことで、肩にかかる負担が大きくなるのです。

「肩甲骨を動かせ」という言葉をよく耳にしますが、肋骨が動かないと肩甲骨の動きも悪くなります。肩甲骨の動きは、その地盤となる肋骨が動いて初めて大きく動くのです。

これは、ローリングのときも同じです。キャッチポジションでひじをしっかり立てるためには、その直前のローリングでも腕のつけ根がしっかり動いていなければならないのです。

③ とらえた水を逃がさないための握力が必要

ローリングしながらのキャッチ。脇が開くため人差し指側に力みが生じやすい

小指側でしっかり押さえることで水を逃がさずにしっかりキャッチできる

短距離で頑張って水をかいているわりに進まない人には、握力が弱いケースが多く見られます。とくに、クロールや背泳ぎは全身動作なので、自分では水をとらえているつもりでも、ローリングしている間に水が逃げてしまっていることが意外と多いのです。

もしくは、水の圧力に手を乗せているだけの場合もあります。(長距離の場合は手を乗せて休むことも大切)

ハイエルボーでひじを立てることで、脇が開くと、人差し指側に力が入って、外側(小指側)に水が逃げやすくなります。これを防ぐには、ある程度握力が必要になります。なかでも、小指と薬指の握力が重要です。とくに短距離選手の場合は、プル系のトレーニングを人差し指を使わずに行なうなどすると効果的です。日ごろから小指側の握力を意識して鍛えておきましょう。

① ドローインで脇腹上げ

左右それぞれ

10回 × **2**セット

※ 肩や骨盤を浮かさずに行なう
※ 自分に合った負荷強度で行なう

1

横向きに真っすぐ寝て、下側の腕を前方に真っすぐ伸ばし、上側の手で床を支える

2

ドローインで腹圧を入れ、上側の側腹部の筋肉を使ってゆっくりわき腹を浮かせ、ゆっくり元に戻す

水中で体を動かしても乱れない姿勢を維持する

体幹を安定させて姿勢を保ったまま、側腹部の筋肉を使ってキャッチポジションから腕を引き寄せる動作を強化するトレーニングです。とくに、クロールや背泳ぎのローリングで体が傾いたときのキャッチ動作に有効なトレーニングです。

Advance 手を挙げて行なう

腕を上げることで胸郭と骨盤の距離が長くなり、力を入れにくくなります。体幹に力を入れにくい腕を挙げた姿勢でトレーニングを行なうことで、体幹を安定させた状態でキャッチができるようになります。

1

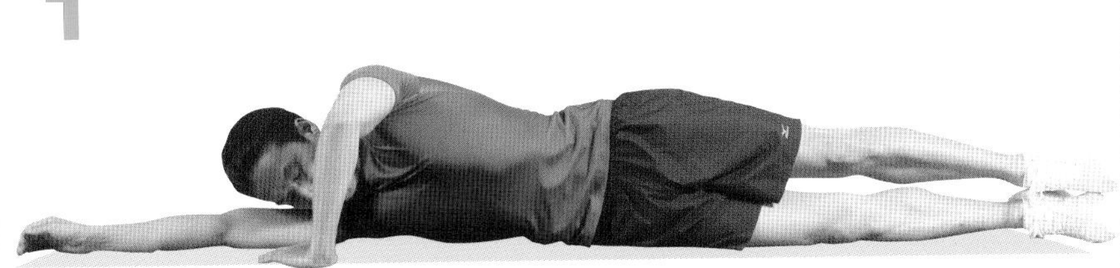

横向きに寝て、下側の腕を真っすぐ頭上に伸ばす。上側の手で肩の正面辺りで床を押さえ、体が前後に動かないように安定させる

2

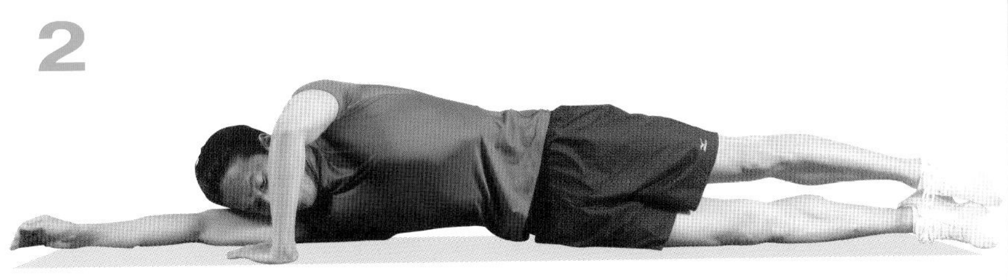

腹圧を入れわき腹を床から浮かせ、元の姿勢に戻る

②片手挙げフロントブリッジ

左右交互にそれぞれ 10回 × 2セット
※ 自分に合った負荷強度で行なう

水中で腕を前に伸ばしても腹圧を入れた状態を維持する

水中で腕を前に伸ばした姿勢でも腹圧を入れ、安定した姿勢を維持できるようになるためのトレーニングです。できるようになったら、フロントブリッジの姿勢を変えて負荷を高めていきましょう。

1
両手と両ひざを床につけた四つんばいの姿勢で腹圧を入れる

2
姿勢を保ったまま片腕をゆっくり水平まで挙げ、ゆっくり戻す。次に逆の腕で同じことを行なう

Advance① ひじとひざで支持する

ひじとひざで体重を支持するフロントブリッジで行なうトレーニングです。

1

両ひじと両ひざを床につけ、腹圧を入れてひざから頭までを一直線に保つ

2

姿勢を保ったまま片腕をゆっくり水平まで挙げ、ゆっくり戻す。次に逆の腕で同じことを行なう

Advance② ひじと足で支持する

両ひじとつま先で体重を支持した姿勢で腕を挙げても腹圧が抜けないようにしておきましょう。

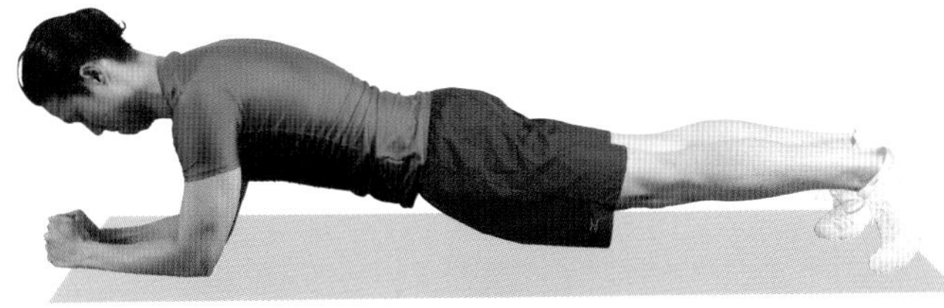

1

両ひじとつま先を床についた状態で腹圧を入れ、体を一直線に保つ

2

姿勢を保ったまま片腕をゆっくり水平まで挙げ、ゆっくり戻す。次に逆の腕で同じことを行なう

③ドローインで床押し

クロール
背泳ぎ
バタフライ
平泳ぎ

10回 × **2**セット

※ 姿勢を1秒キープする
※ 床を押したときに脇腹に力を入れる

腹圧を入れた姿勢を維持して腕に力を入れるトレーニング

ドローインはあお向けで行なうよりもうつ伏せの方が体幹に力を入れにくくなります。力が入りにくい姿勢で腕に力を入れ、腹圧を高める練習をしておくことで、水中姿勢を維持したまま、力強いキャッチができるようになります。

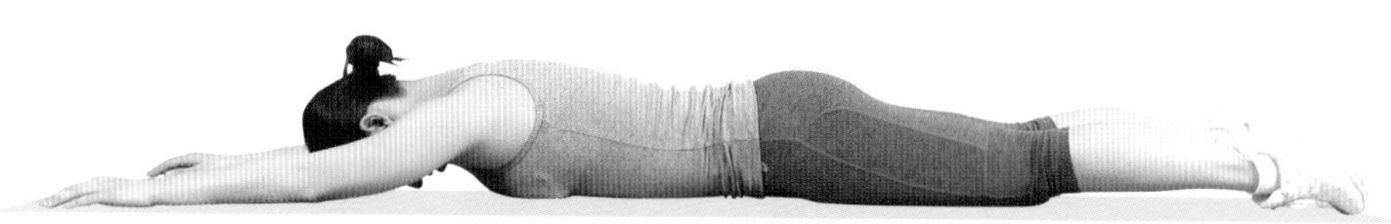

1

両手を頭の上に挙げ、手のひらを下に向けた姿勢でうつ伏せになる

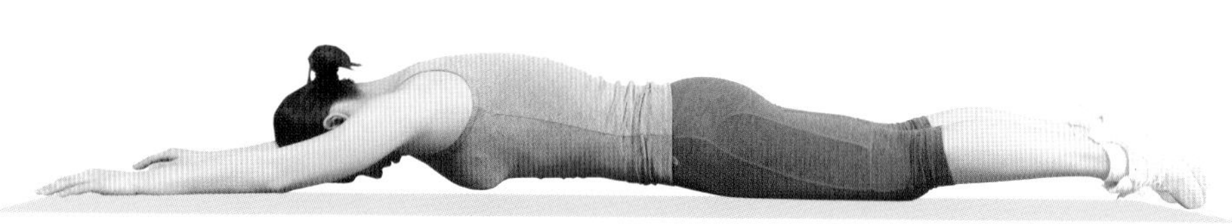

2

腹圧を入れ、両手で床を押し、その姿勢を1秒間キープしてから元の姿勢に戻る

④ローラー腹筋

自分のキャッチポジションを確認するためのトレーニング

10回×2セット
※ できるだけ遠くまでローラーを移動する

クロール
背泳ぎ
バタフライ
平泳ぎ

腹圧を入れたままで、どこまで腕を前に伸ばして力を入れることができるかを確認しながら体幹を強化するトレーニングです。陸上では浮力がないため、水中より負荷を高めたトレーニングになります。徐々に距離を伸ばして、できるだけ遠くでも体幹に力を入れられるようになりましょう。

1
床に両ひざをついてローラーを持ち、腹圧を入れてひざから頭までを一直線に保つ

2
腹圧を入れたままローラーをゆっくり前方に押し出し、限界のところまで達したところでゆっくり引き戻して元の姿勢に戻る。この位置が自分のキャッチポジションの目安となる

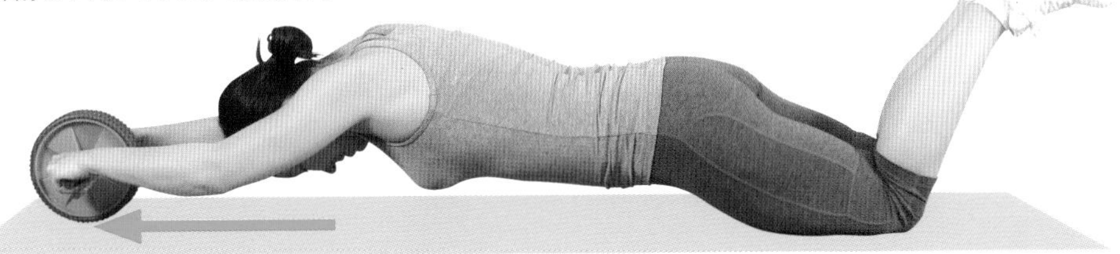

※ 腹圧が抜けた位置まで伸ばしてしまうと腰を傷める可能性があるので注意する

⑤ 片ひじつきツイストクランチ

左右それぞれ 10回×2セット

1

あお向けに寝て両ひざを立て、片手を斜め上に伸ばす

2

斜め上に伸ばした手で逆サイドの床に触れるように上体を斜めに起こす。もう一方の手はひじまで床につけたまま動作を支持する

左右の筋力差をなくすためのトレーニング

左右のストロークから得られる推進力を一定にするために、左右の筋力差をなくすためのトレーニングです。

体幹の筋力に左右差があると左右対称の動きができません。やりにくい方を重点的に鍛えて左右対称の動きができるようにしておきましょう。

⑥プルオーバー

力強いキャッチをするためのトレーニング

10回×2セット

クロール
背泳ぎ
バタフライ
平泳ぎ

　体幹を安定させて、水圧に負けずに腕を引き寄せる動作を想定したトレーニングです。体幹を効かせながら力を発揮するための筋肉を強化することができます。

1

両ひざを立ててベンチにあお向けになり、腹圧を入れて頭の上でメディシンボールを持つ

2

両腕が垂直になるところまでゆっくりボールを上げ、ゆっくり元の姿勢に戻す

⑦ ウォールバウンド(両手・片手)

各バリエーション
左右それぞれ

10回 × **2**セット

※ 両手バウンドから行なう
※ 腰が反らないように注意する

キャッチポジションでの上体と体幹の筋力を強化する

腹圧を入れた姿勢で頭の上で腕を動かすことでキャッチに必要な筋力が鍛えられます。片手で行なうときは弱い方の腕に重点を置いて練習しておくといいでしょう。

●両手

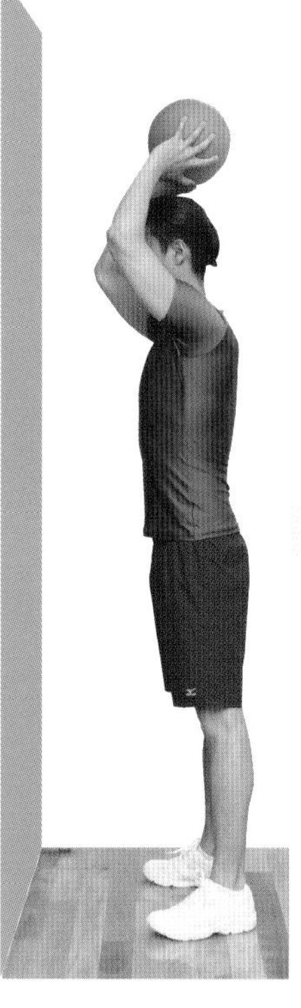

1
メディシンボールを両手で頭上に持ち、腹圧を入れて壁に向かって立つ

2
腹圧を入れたまま、ボールを弾ませるように壁にぶつける

●片手

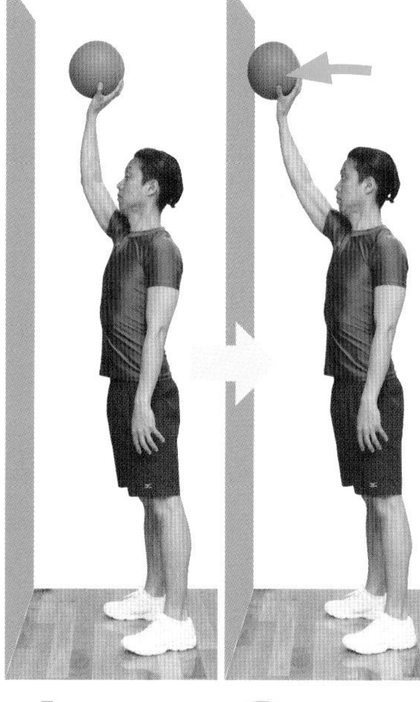

1
片手で行なうメディシンボールバウンド

2
片手でボールを弾ませるように壁にぶつける

⑧ ひざ立ちメディシントス

腹筋を効かせた状態で腕を動かすトレーニング

10回×2セット

※ 腰が反らないように注意する

キャッチは、腹圧を入れた状態で、腕に負荷がかかりながら動かす動作です。キャッチポジションで、メディシンボールを投げたりつかんだりすることで、負荷を高めたトレーニングになります。

パートナーは2m程度離れて立ち、頭の上でボールがキャッチできるように返球する

⑨ ローテーターカフエクササイズ

クロール
背泳ぎ
バタフライ
平泳ぎ

肩まわりの傷害予防のためのトレーニング

各バリエーション
左右それぞれ
3セット

※ 負荷の低いセラバンドを使用する
※ ボールはソフトジムなどの軟らかいものを使用する
※ 肩がだるく感じる程度まで行なったところを1セットとカウント

普段あまり鍛えることのできない肩関節や肩甲骨まわりのインナーマッスルを鍛えるトレーニングです。負荷が強いと大きな筋肉が動員されてしまうので、低負荷のセラバンドを使用しましょう。

●内旋

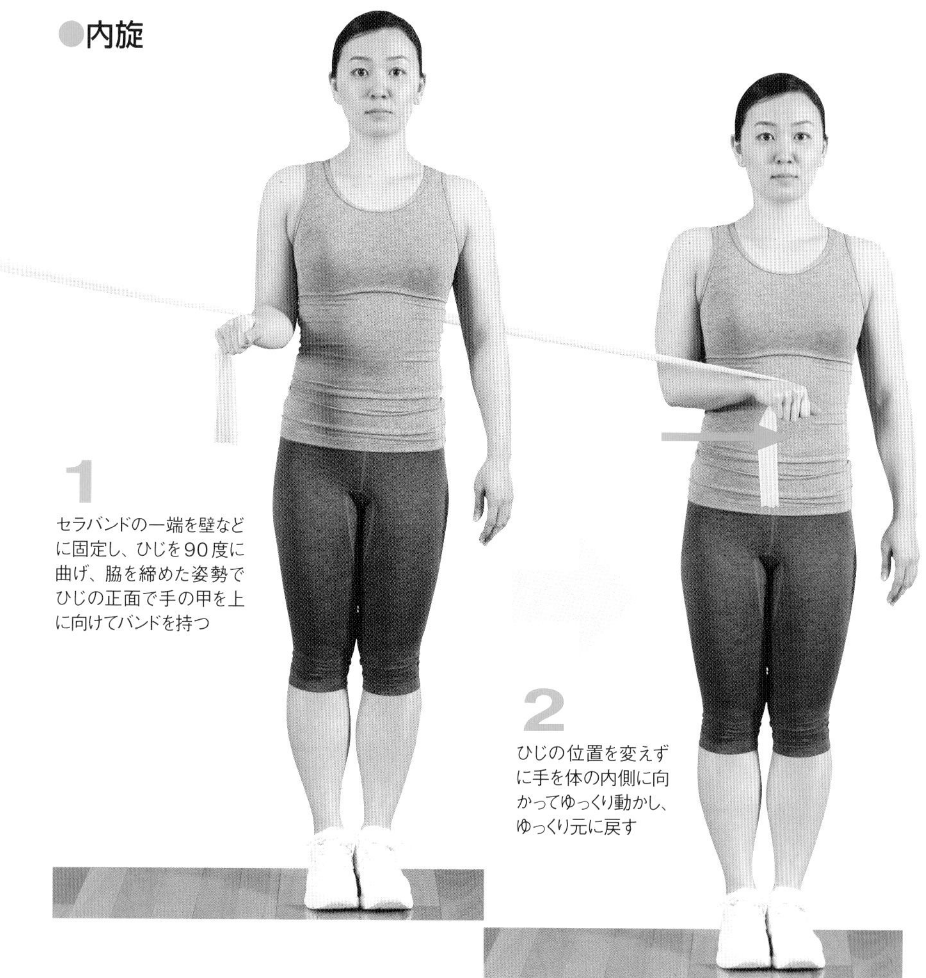

1
セラバンドの一端を壁などに固定し、ひじを90度に曲げ、脇を締めた姿勢でひじの正面で手の甲を上に向けてバンドを持つ

2
ひじの位置を変えずに手を体の内側に向かってゆっくり動かし、ゆっくり元に戻す

●外旋

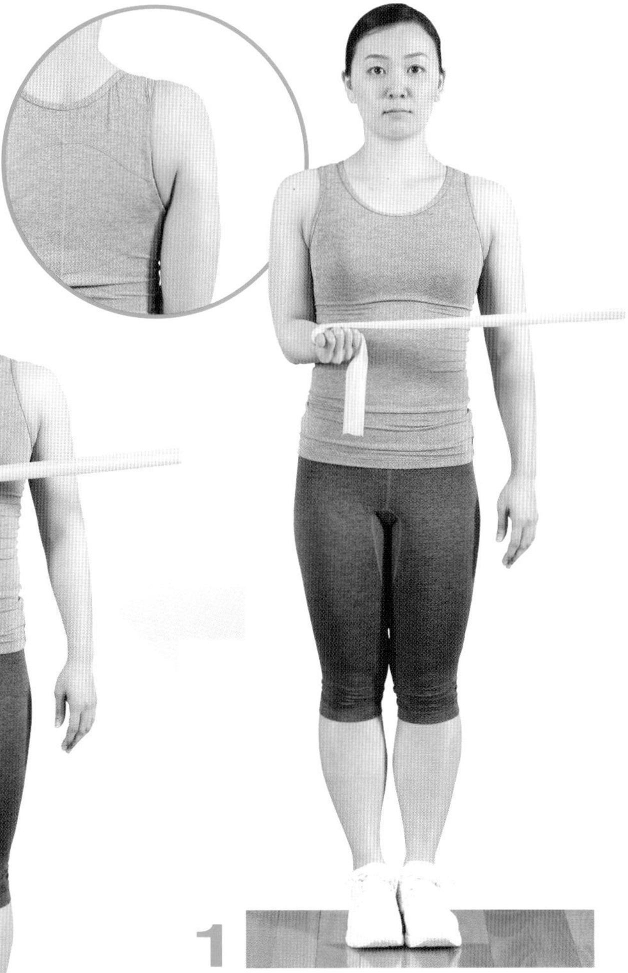

1

セラバンドの一端を壁などに固定し、ひじを90度に曲げ、脇を締めた姿勢でひじの正面で手のひらを上に向けてバンドを持つ

2

ひじの位置を変えずに手を体の外側に向かってゆっくり動かし、ゆっくり元に戻す。肩甲骨を内側に寄せたまま、よい姿勢で行なう

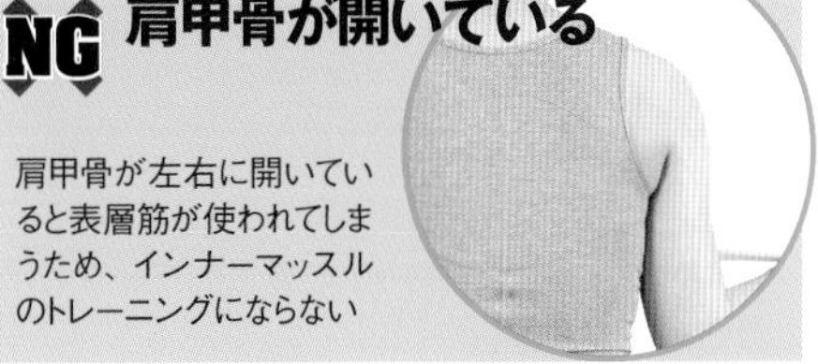

NG 肩甲骨が開いている

肩甲骨が左右に開いていると表層筋が使われてしまうため、インナーマッスルのトレーニングにならない

●外転

1

セラバンドの一端を片足で踏み、逆側の手でもう一端を持つ。バンドを持つ手は体側に下ろし、手の甲を正面に向ける

2

肩甲骨を内側に引き寄せたまま腕を横にゆっくり広げ、ゆっくり元に戻す

●内転

1

片方の手のひらを正面に向け、ひじと体側で軟らかいボールを挟んで立つ

2

ボールをつぶすようにひじを引き寄せ元に戻す。腕の力でなく、力まずに軽くくり返す

PART 3

大きな推進力を生み出すプルのためのトレーニング

PULL & PUSH

姿勢に無理がなく大きな力を発揮できるプルポジション

力を入れやすいので高負荷のトレーニングができる

キャッチした水を体の下で大きく押し出すのがプル動作です。プルポジション（プルを行なうときの体勢）は体幹や肩甲骨が安定している位置なので、キャッチに比べて力が入りやすい局面です。

プルポジションのトレーニングは、体幹をしっかり安定させた状態で腕を引く動作を行なうことで、プルに必要な筋肉が鍛えられます。プル動作では比較的大きな筋肉群が使われるため力を入れやすく、フォームも乱れにくいので、かなり強度の高いトレーニングも安全に行なえると思います。

また、最後に水を押し出す動作がプッシュです。プルからの一連の動作になるので、自分がプルとプッシュのどちらが弱いかを確認して、苦手な方に重点を置いたトレーニングをするといいでしょう。

プル動作の特徴

- フォームを崩さずに力を入れやすいポジション
- 左右対称の動作や筋力の均整が必要
- ハイエルボーポジションから背中の筋肉（広背筋）で水を引く
- プッシュでは体幹の筋肉を使って前に体重を乗せる

● 4泳法におけるプルポジション

背泳ぎ

背中を丸めずに左右対称の動きをする

トレーニング時にもフォームが乱れにくいと言っても、逆に腹筋を使うあまり背中が丸まってしまうこともあります。背中を丸めずに腹筋を使って、いかにいい姿勢で腕を引いてこれるかがプルのポイントです。そして、左右の筋力差をなくし、左右対称の動きをできるようにしておくことが大切です。

腕力だけでなく背中の筋肉を使ってストロークする

キャッチと同様に、プル動作で水を引っ張ってくるときに、手の外側に水が逃げないようにしなければいけません。そこで、小指側から水を逃がさないための握力が必要になります。

さらに、腕の力だけでなく、背中の筋肉（広背筋）をしっかり使って水を引っ張ってくることが大切になります。ハイエルボーポジションを意識するあまり、ひじの位置が体の背後になってしまうと広背筋を使えなくなるばかりか肩を痛める可能性があるので注意しましょう。

体幹を使って体を反らさず重心を前に乗せる

プッシュは、ストロークから得られる推進力がもっとも発揮される局面です。しかし、プッシュを意識し過ぎると、後方重心になって体が立ってしまいます。

水をかき切る手前で重心が後方に移動しやすくなったときに、重心を前方に乗せるために必要となるのが体幹です。

「姿勢を正せ」と言うと、腰を反らせて背すじをピンと伸ばす人を多く見かけます。しかし、プッシュの局面では腰を反らせる方向に働く力が強くなるだけに、体幹の筋肉を使って腰の反りを抑えることが重要です。

クロール

体をひねりながら体幹を安定させて重心を前に乗せる

クロールではローリングで体をひねりながらプル動作を行ないます。キャッチ同様、小指側から水を逃がさないことが大切です。

腕の力だけで水を引こうとすると水の圧に負けてしまうので、広背筋を使って腕を動かし、体幹を安定させて体重を前に乗せていくイメージを持つことが大切です。

最後まで水を押し出す意識が強過ぎると、腕を後方で回す泳ぎになって上体が立ってしまい、体の軸が左右にブレやすくなります。

ローリングで体を開きながら後方に向けて手を動かすため、とらえた水が外側に逃げやすい

バタフライ

両手プルから生まれる大きな力に負けない体幹が必要

バタフライのプルでは、左右の対称性が重要です。左右の筋力差があると泳ぎが不安定になってしまいます。

力強い両手ストロークのため、プッシュを意識し過ぎるとほかの泳法より腰が反りやすくなるのが特徴です。それを抑えるだけのストロークに負けない体幹の強さが必要となります。

腰が反ると上体が立って水の抵抗を受け、上下動の大きい泳ぎになってしまいます。できるだけフラットな泳ぎを心がけましょう。

両手プルとキックのタイミングを同調させて大きな推進力を得る

背 泳ぎ

人それぞれ泳ぎが異なるのが背泳ぎの特徴

背泳ぎのプルでは、体をひねりながら体幹が不安定になると、ひじの位置が体の後方にいき過ぎてしまいます。ひじが両肩のラインより後方にいき過ぎないように気をつけ、広背筋を使って泳ぐことが大切です。

以前はS字プルが主流でしたが、世界のトップスイマーを見ると、真横に真っすぐにかくのが近年の主流となっています。水をつかんで押すというより、足もとに放るイメージでプルを行なうのが理想です。

体を浮かすための揚力を得るためのS字プルを行なう人がいたり、手と脚のコンビネーションで水を挟んで浮力を得る技術があったり、非常に奥深いのが背泳ぎの動作です。

腕で真っすぐにかく「ストレートプル」では手のひらを上に向けずに真っすぐに水を押す

平 泳ぎ

プル動作で腰が反らないように注意

平泳ぎのプル動作はインナースカルとも呼ばれています。キャッチした水を体の下に集める動作になるため、このタイミングで頭を水上に上げて呼吸を行ないます。

このとき腰が反り過ぎて胸を張ってしまうと、大きな水の抵抗を受け、下半身が沈んで後方にキックを打てなくなります。腰が反らないように体幹の筋肉で抑え込むことが大切です。

平泳ぎのプルでは左右に広げた腕でとらえた水を体の下に集めるようにかく

プル動作に必要な身体能力

体幹を安定させ、広背筋を使って左右対称に腕を動かす

プルは力を入れやすい局面だけに、腕の力だけになって力みが生じたり、体幹が使えていないと上体が立って大きな抵抗を受けてしまいます。

正しいプル動作に必要な筋肉を鍛え、水を引く力をアップすると同時に、それに負けないだけの腹筋をつけておくことが大切です。

① 左右の筋力差をなくす

とくに、バタフライと平泳ぎは左右対称な動きが要求される泳法です。トレーニングの動きで左右差があるかないかを確認し、左右の筋力差をなくしておくことが大切です。

また、クロールと背泳ぎはローリングしながらのプル動作となるため、体をねじるトレーニングが必要となります。単純に体幹を安定させて腕を引くだけでなく、体をひねりながら腕を使うため、動作の左右差をなくすことがスムーズな泳ぎにつながります。左右のどちらに体をひねりやすいか、ひねりにくいかを陸上で確認しておきましょう。

トレーニングで得られる成果

1. ストロークから得る推進力の左右差がなくなり泳ぎが安定する
2. 広背筋を使って腕を引くことで力強いストロークができる
3. 上体が立たないフラットな泳ぎができるようになる

② ひじを肩甲骨面より引かずに広背筋で腕を動かす

プル動作は肩甲骨の動きが入らないポジションで行ないます。しかし、キャッチのときにひじを立てる意識が強過ぎると、ひじの位置が肩甲骨より後方になってしまうことがあります。そのようになってしまうとしっかり力が入りません。ひじが後方になると、背中の筋肉（広背筋）に力が入らないだけでなく、肩の前方や後方を傷める原因にもなるので注意が必要です。

ヨーロッパで「カヤックテクニック」と呼ばれるように、カヤックのオールを漕ぐイメージでひじを肩甲骨の面より後方に引かずに、肩甲骨面と同じ高さまでの動きにすることが大切です。

③ 体が反らないように体幹を安定させる

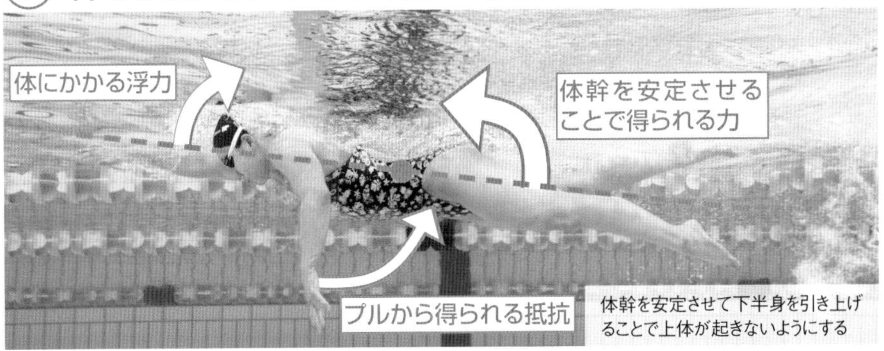

体幹を安定させて下半身を引き上げることで上体が起きないようにする

プルからプッシュの動作では、上体が起きる方向に力が働きます。このときに腕は内側にひねられている（内旋）ので、使われる筋肉は背中の広背筋です。ここで腹筋が効いていないと、体が反って上体が浮き上がってしまいます。

前後のブレか左右のブレかは泳法によって異なりますが、プッシュで発揮する力が強くなるほど腹筋を使わないと、プッシュした力を推進力につなげることができなくなります。トレーニングを行なうときもこの意識が大切です。単に押したり引いたりする力が強ければいいわけではなく、それらの動作のときは必ず、腹筋で体幹を固定しておく必要があります。

①ワイドスタンスプッシュアップ

クロール
背泳ぎ
バタフライ
平泳ぎ

体幹を固定して腕を動かすためのトレーニング

5~10回×3セット

※ 肩甲骨を寄せたまま行なう
※ 自分に合った負荷で行なう

プルで腕を動かすときは、体幹を安定させて、胸の筋肉（大胸筋）を使って腕を動かします。腕の筋肉だけでは水の抵抗に負けてしまい、すぐに疲労してしまいます。疲労しにくい大きな筋肉を使ったときにも体幹を安定できるように鍛えておきましょう。

1
両手を肩幅より開いて床につき、両手と両ひざで体重を支える。腹圧を入れ、ひざから頭までを一直線に保つ

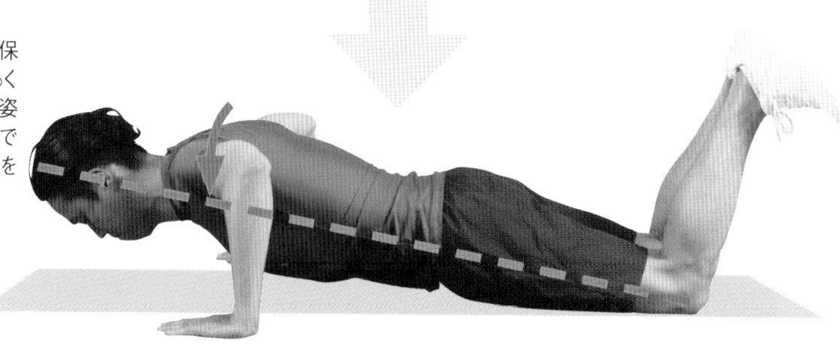

2
腹圧を入れて体幹の軸を保ったまま、ひじを曲げてゆっくり胸を床に近づけ、元の姿勢にゆっくり戻す。腕の力でなく胸の筋肉（大胸筋）を意識して行なう

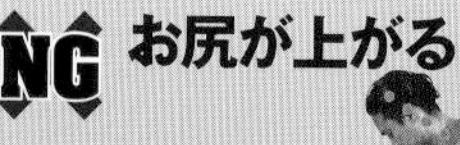

NG お尻が上がる

腹圧が入っていないとお腹が落ちてお尻が突き出た姿勢になる

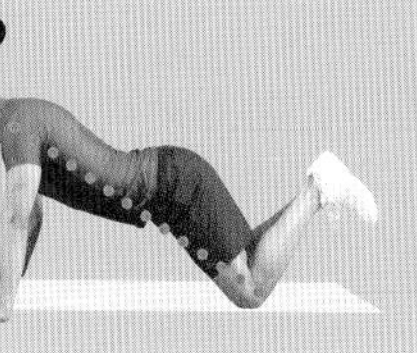

NG 下げたときに腰が反る

胸を床に近づけたときに腹圧が抜けてしまうと腰が反ってお尻が上がる

Advance① 手と足で体を支える

足で体を支えるぶん負荷が高くなります。泳いでいるときの姿勢に近くなるため、より効果的なトレーニングになります。

1

両手と両足を床につけ、腹圧を入れて体幹を安定させる

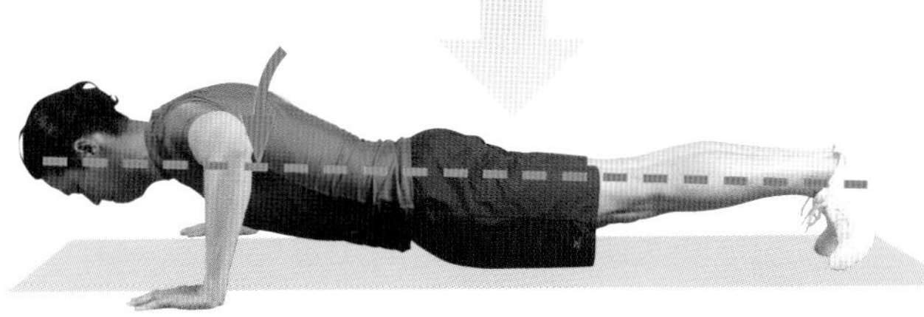

2

ゆっくりひじを曲げて床に胸を近づけ、ゆっくり元の姿勢に戻す

Advance② ストレッチポールを使う

足もとが不安定になるので体幹の姿勢を保つのが難しくなります。足もとが高くなったぶん、胸や腕にかかる負荷も高くなります。

1

足の甲をストレッチポールの上に乗せて両手を床につき、腹圧を入れて体幹を安定させる

2

体幹を一直線に保ちながら、ゆっくりひじを曲げて胸を床に近づけ、ゆっくり元の姿勢に戻す

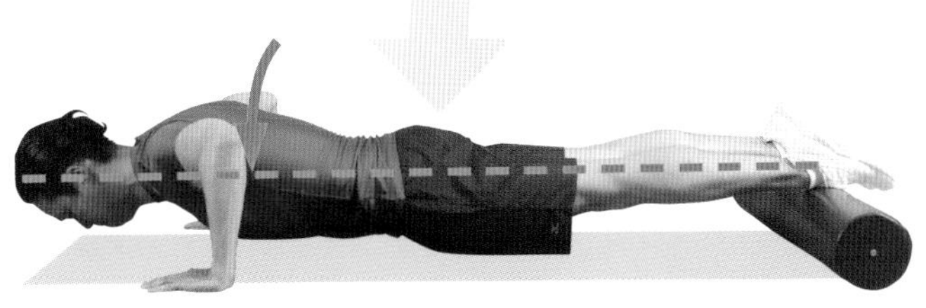

②チョッピング腹筋

左右それぞれ 10回×2セット

1

両ひざを立ててあお向けになり、右手を頭の左上に挙げ、左手で右手の手首を握る

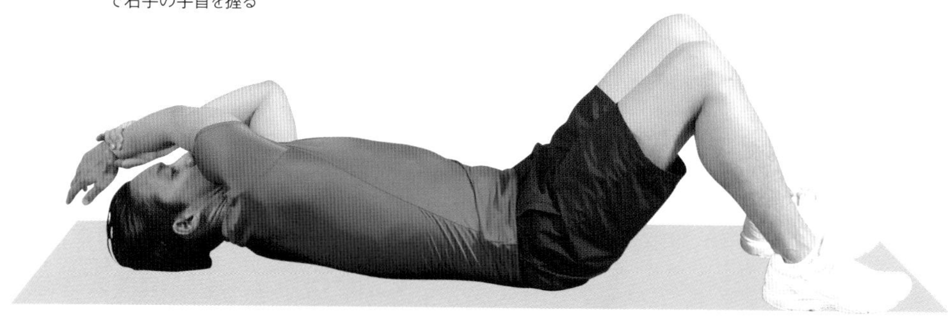

2

左腕を伸ばしながら、右手で体の右側にチョップするように上体を斜めにゆっくり起こし、ゆっくり元に戻す。10回終わったところで逆サイドでも同じことを行なう

左右のバランスを確認して、筋力差をなくすトレーニング

左右対称の動きができるのが理想ですが、このトレーニングをやってみると、どちらかやりにくいサイドがあることに気づくはずです。苦手なサイドを意識して動きに差が出ないようにしておくことが大切です。

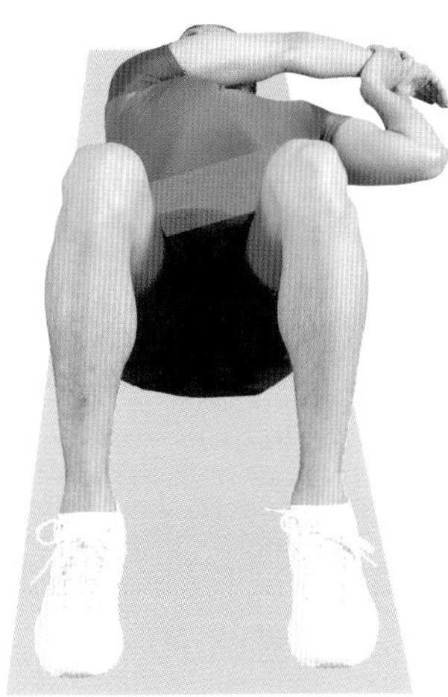

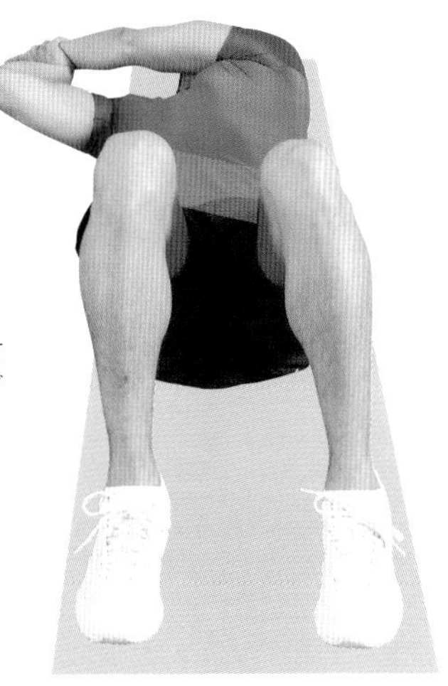

1

体幹の斜め方向の使い方を確認する。最初の姿勢がとりにくいサイドがあれば、柔軟性に偏りがある

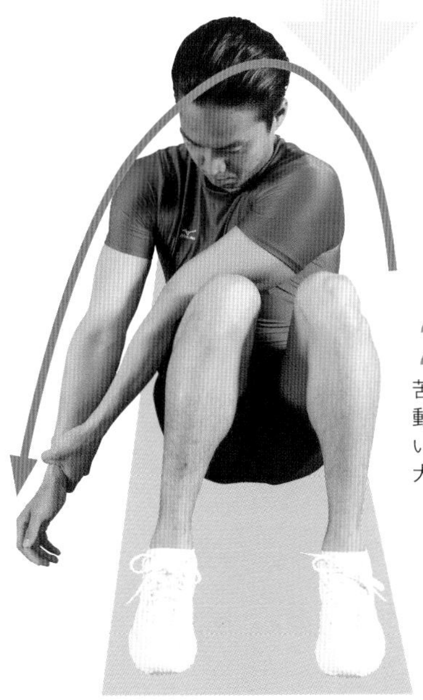

2

苦手なサイドを確認し、動きに左右差が出ないようにしておくことが大切

③パートナープルアップ

10回×2セット

※ 腕でなく腹筋で体を上げるイメージ

体を前の水に乗せるために必要な筋肉群を鍛える

体幹を安定させ腕全体で水をとらえて、そこに体を乗せるために必要な筋肉群を鍛えるためのトレーニングです。バタフライの動きをイメージして行なうとよいでしょう。

1

うつ伏せでひざを曲げて両手を前に伸ばす。パートナーは頭の上にひざ立ちになり、両手首を床から少し浮かせて持つ

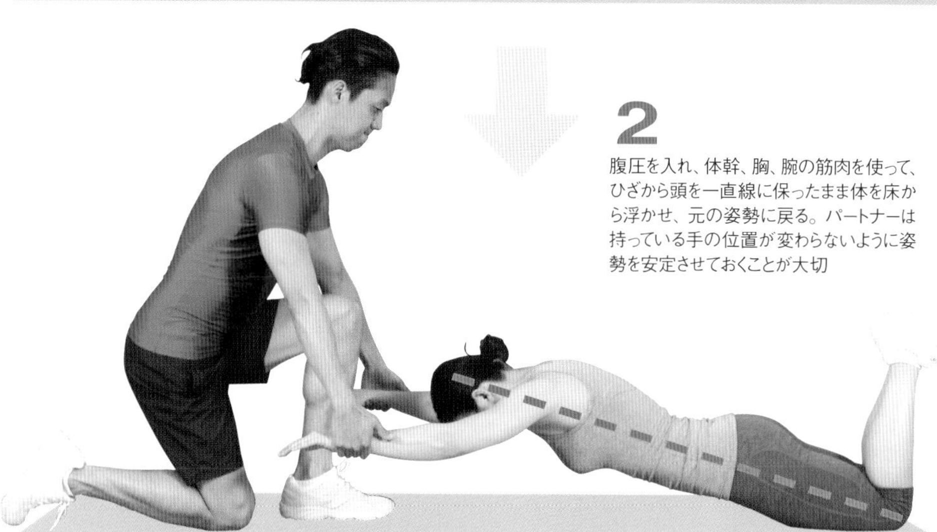

2

腹圧を入れ、体幹、胸、腕の筋肉を使って、ひざから頭を一直線に保ったまま体を床から浮かせ、元の姿勢に戻る。パートナーは持っている手の位置が変わらないように姿勢を安定させておくことが大切

④プルダウン

10回×2セット

※ チューブや強めのセラバンドを使用
※ 薬指と小指を意識して行なう

クロール
背泳ぎ
バタフライ
平泳ぎ

腕を内側にひねりながら引き下ろす力を強化する

プル動作では腕を内側にひねった状態（内旋）でとらえた水を逃がさずにかき切ります。このときに必要な胸や腕の筋肉群を鍛えるためのトレーニングです。

1

ひじを曲げて体の横につけた姿勢で、チューブがたるまないように両端を左右の手で持つ。チューブは中央を斜め上方に固定しておく。チューブを引っ掛ける場所がない場合はパートナーに持ってもらってもいい

2

ひじの位置を動かさずに手のひらを下に向けて、ひじを伸ばしながらチューブを下にゆっくり引き、元に戻す。バタフライのプルのイメージで腕を動かす

⑤ローイング

10回×2セット
※ 負荷が強くなり過ぎないように注意

平泳ぎのプル動作に必要な肩甲骨まわりのトレーニング

平泳ぎのプル動作では、両ひじを立てたところから、肩甲骨を引き寄せながら前腕でとらえた水に体を乗せていきます。この肩甲骨の動きに必要となる肩甲骨内側の筋肉を鍛えるためのトレーニングです。

1

胸の高さにチューブの中央を固定し、手のひらを内側に向けて左右の手でチューブの両端を持つ。肩甲骨が左右に開いた位置になるようにチューブの長さや立つ位置を調整する

2

まず肩甲骨を引き寄せ、そこからひじを曲げながらゆっくりチューブを引き、ゆっくり元に戻す。チューブを引くときに脇が開かないように注意する

⑥チュービング①

上体を倒して腕を伸ばしたときにチューブがたるまないようにパートナーや自分の立ち位置を調整する

10回×2セット
※ チューブや強めのセラバンドを使用

クロール
背泳ぎ
バタフライ
平泳ぎ

体の正面でしっかり水をかき切るためのトレーニング

プル動作で水の抵抗に負けずにかき切るために必要な筋肉群を鍛えるためのトレーニングです。背泳ぎ以外の体の正面で水をかく泳法に有効なトレーニングです。

1

足をそろえて立ち、腰を引いて上体を前に倒し、両腕を前に伸ばして手のひらを下に向けて左右の手でチューブの両端を持つ

2

手のひらの向きや姿勢を変えずに、ひじを伸ばしたまま腕だけで真っすぐチューブを引き、元の姿勢に戻す。背中を丸めずに腕を動かすことが大切

⑦チュービング②

クロール
背泳ぎ
バタフライ
平泳ぎ

プルの力を効率よく推進力につなげるためのトレーニング

10回 × 2セット
※ チューブや強めのセラバンドを使用

キャッチポジションから、手のひらを後方に向けたままかき切るために必要な筋肉群を強化するトレーニングです。手のひらをつねに後方に向けてストロークすることで、ストロークで生まれた力を効率よく推進力につなげることができます。

1
ひざ立ちになり、腕をキャッチポジションに伸ばし、手のひらを下に向けて左右の手でチューブの両端を持つ

2
最初は手の位置を真っすぐ下げるように、手のひらを下に向け脇を締めたまま、ひじを曲げつつチューブを引く。前腕が水平になったところからはひじを伸ばしながら手元が腰の横にくるまでチューブを引き、元に戻す

⑧ メディシンボールたたきつけ

体の近くで水をかき切るためのトレーニング

10～15回 × 2セット

※ 腹筋でボールをたたきつけるイメージで行なう

クロール
背泳ぎ
バタフライ
平泳ぎ

キャッチでとらえた水を、体の下でしっかりかき切ることで大きな推進力を得ることができます。バタフライのストロークをイメージしてやってみましょう。

バタフライの両手ストロークをイメージして力強くボールを床にたたきつける。弾んだボールをキャッチして連続して行なう

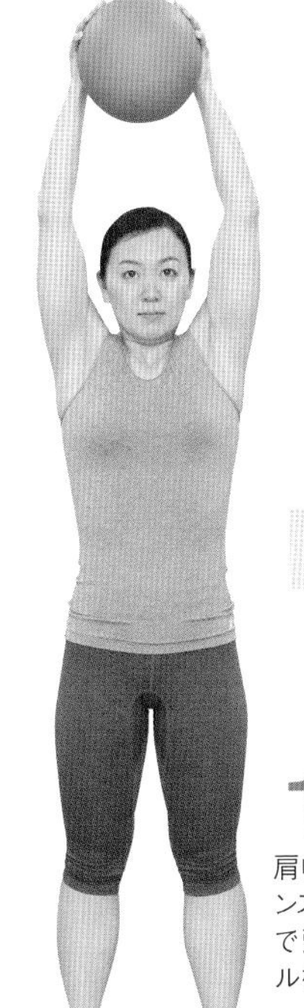

1 肩幅程度のスタンスで立ち、両手で頭の上でボールを持つ

2 ひじを左右に広げて勢いよくボールを真っすぐ下ろす

3 最後は手首のスナップを使って床にたたきつける

Column 1

ケガをせずに安全にトレーニングを行なうために

水泳選手は、陸上のトレーニングでケガをすることが多く見られます。体や動きを強化するためのトレーニングでケガをしてしまっては本末転倒です。水泳選手の体の特徴に合わせた方法でトレーニングしていくことが大切です。

陸上トレーニングでバランスの悪さを改善させる

水泳の選手は、プールでの練習が多くなるため、陸上で行なうスポーツ競技の選手に比べて、抗重力筋が使われないぶん弱くなっていることが多く見られます。これは、水泳動作に必要な筋肉は発達しているにもかかわらず、地上で生活するための筋力が衰えた非常にバランスの悪い体と言えます。

このバランスの悪さを改善するために、何をするにも普通に重力がかかる陸上でトレーニングをする必要があります。陸上でトレーニングをすることで、自分が苦手な動作や弱い部位が明らかになります。それを確認することから始めて、徐々に弱点をなくしていきましょう。

常識と異なるトレーニングの順序

通常、ウエイトトレーニングを行なうときは、大筋群を使うスクワットやベンチプレスなど高負荷のものから始めて、徐々に小さな筋肉を鍛えていった方がトレーニング効果が高いとされています。

しかし、水泳選手の場合はこの考え方が当てはまりません。もし、水泳選手がこの方法でトレーニングを行なうと、かなり高い確率でケガをしてしまいます。

陸上トレーニングでケガをしやすい人を見ていると、トレーニングの順番に問題があるケースが多いです。部活などでも、全員で同じことをやるのではなく、個々の身体能力に合わせたトレーニングメニューを考えていくことが大切です。

本格的な負荷の高いトレーニングをする前に、そのウォーミングアップとなるトレーニングをする必要があります。

水泳選手は、まず自分はどの部位が弱いかを知ってからトレーニングを行なうことが大切です。本書でメインに紹介しているような地味なトレーニングから始めて、徐々に「高負荷→複雑な動き→反動をつけたトレーニング」のように、必ず順番をしっかりチェックしてから練習しましょう。

PART 4
リカバリーで受ける抵抗を小さくするトレーニング

RECOVERY

スムーズなリカバリー動作が効率のいい泳ぎにつながる

リカバリーでは大きな水の抵抗を受けやすい

平泳ぎを除く3泳法では、ストローク動作から大きな推進力を得て前に進みます。しかし、水中で水をかいた手は、必ず前に戻さなければ、次のストロークが行なえません。この腕を前に戻す動作をリカバリーと呼びます。

リカバリー動作では、腕を推進力と逆方向に動かします。平泳ぎ以外の3泳法に関しては、水上に腕を出してリカバリーを行ないます。しかし、腕を上げるときに体が立ってしまうと大きな水の抵抗を受けてしまいます。平泳ぎに関しては、リカバリーを水中で行なうため、おのずと水の抵抗を受ける動作になります。さらに、背泳ぎ以外ではリカバリーに合わせて頭を水上に上げて呼吸を行ないます。

効率のいい泳ぎをするためには、このリカバリー動作でできるだけ水の抵抗を受けない泳ぎをすることが大切です。そのリカバリー動作で受ける水の抵抗を小さくするためのポイントとなるのは、胸郭の使い方です。

リカバリー動作の特徴

- 体幹の力を効かせながら腕を前に伸ばす
- 入水後できるだけ早めに手のひらを後方に向けるのが理想
- 腕だけでなく胸郭の動きも使ってひじを立てる

● 4泳法のリカバリー動作

滑らかなリカバリー動作は胸郭から生まれる

リカバリーでは胸郭の使い方が大切になります。水から手を抜いて入水させるまでは、とくに体幹を安定させたい局面です。ここで体幹がブレてしまうと、体の軸が左右にずれたり、体が立ってしまいます。これを避けるためには、できるだけ腰椎を使わずに、胸郭を動かして腕の可動域を広げる必要があります。

クロールや背泳ぎでは、体をローリングさせるため、リカバリーでも腹斜筋を使いますが、それよりも肋間筋を使って肋骨をねじる動きが重要になります。そのうえで、肩甲骨を動かせるかどうかが課題になります。

ピッチ泳法のバタフライと平泳ぎの場合には、リカバリーのときの胸郭の前後の動きが大切です。腰の動きを抑えて、胸椎を前後に動かして泳ぐことで、上下動の少ないフラットな泳ぎができるようになります。PART5でも触れますが、背泳ぎのバサロキックやクロールのスタート直後のドルフィンキックでも、この胸郭の上手な使い方が求められます。

ひねり動作の左右差をなくすことから始めよう

トレーニングで大切なのが、体のひねり動作の左右差をなくすことです。

バタフライや平泳ぎではローリング動作がないので、実際の動きの中では前後の動きが重要になります。よって、ひねりの動きは直接関係ありませんが、胸郭は体をひねらないと動かないので、陸上で左右差を確認しておくことが大切です。ひねりの動きに左右差があると、実際の泳ぎでの左右差につながります。

トレーニングでは、まず体を左右にツイストして肋骨の動きをよくした後に、肩甲骨の動きを確認したり、胸椎を前後に屈曲伸展させるようにしましょう。

クロール

クロールでは胸郭をひねりながら肩甲骨を動かす

クロールは左右どちらかで呼吸を行なうため、リカバリーの動きは必ずしも左右対称ではありません。

ローリングをしながら水上でリカバリーを行なうためには、胸郭の回旋の動きを滑らかにする必要があります。

また、肩甲骨の動きがよくなることで、大きなローリングを行なわずにリカバリーできるようになるので、結果的に効率のいい泳ぎにもつながります。

クロールのリカバリーでは肋間筋を使って肋骨をねじりながら肩甲骨を使えるようにすることが大切

バタフライ

胸椎の前後の動きで上下動を抑えた泳ぎが実現する

バタフライのリカバリーは両手同時に行なうので、左右対称の動きが必要です。そのポイントになるのが、胸郭の前後の動きです。とくにバタフライの場合、胸椎が動かないとリカバリーの上下動が大きくなってしまいます。

胸椎を使えずに腰椎ばかり動かそうとしている人を多く見かけます。腰椎を使った泳ぎでは、腰でウエーブすることになるので、上下動が大きくなって疲れるわりに進みにくい泳ぎになってしまいます。

胸椎を柔らかく使って上下のうねりを小さくすることで効率よく泳ぐことができる

背泳ぎでは左右対称の胸郭の動きが大切

背泳ぎもクロールと同様に、ローリングしながらリカバリーを行ないます。腕を内側にひねり（内旋）ながらのリカバリーになるため、肩甲骨の動きがポイントになります。

クロールと異なるのは、呼吸サイドがないので、左右対称の動きをすることがより大切になります。クロール以上にローリングに伴うスムーズな胸郭の回旋動作が求められます。

左に体をローリングさせながら手を水から抜いてリカバリーを開始。親指から水上に出すのが基本

左手でかき切る直前に右手を入水させる。腕が内旋した状態で入水させるため、肩甲骨の動きが重要になる

平泳ぎ

効率のいいキックはリカバリーの胸郭の動きがカギ

4泳法の中で唯一、平泳ぎは水中でリカバリーを行ないます。リカバリーのタイミングに合わせて呼吸を行なうため、泳ぎの中で最も大きな抵抗を受ける局面になります。

水から受ける抵抗を少なくするために、バタフライ同様、平泳ぎのリカバリーでも胸郭の前後の動きが大切になります。腰椎の前後の動きになってしまうと、上半身が立って脚が沈んでしまうため、キックから大きな推進力を得られなくなってしまいます。

胸椎を丸くしてリカバリーを行ない、入水後に胸椎を真っすぐ伸ばし、ストリームラインを作って前に進む

リカバリー動作に必要な身体能力

スムーズなリカバリー動作のポイントは胸郭と肩甲骨

リカバリー動作をスムーズに行なうために必要となるのが胸郭と肩甲骨の動きです。クロールと背泳ぎでは左右にひねる動き、バタフライと平泳ぎでは前後の動きを、自分でコントロールしながら柔らかく行なえるようにしましょう。

① 胸郭を意識的に滑らかに動かす

大きな筋肉を使って動かすと動きが硬くなる。肋間筋などの細かいインナーマッスルを意識して細かく動かせるようになることで、腕の動きが滑らかになる

リカバリーでは胸郭の動きが大切です。キャッチでは、胸郭の可動性（柔軟性）が大切でしたが、ここでは胸郭を自分で意識しながらスムーズに動かす能力が必要になります。

胸郭は細かい筋肉の集合体です。それらからなる細かい関節を丁寧に動かしていくことで、全体としてスムーズな動きを作ることができます。

トレーニングであまり強度の高い負荷をかけると、大きな筋肉が動員されて動きが硬くなってしまいます。最初は自重から始めて、徐々に負荷を高めていくようにしましょう。

トレーニングで得られる成果

❶ 力みのないスムーズなリカバリーができるようになる
❷ ローリング時にボディーバランスが崩れにくくなる
❸ 息つぎの動きのロスが少なくなる

② 肋骨のスムーズな動きが肩甲骨の可動域を広げる

リカバリー動作では、あまり腰椎を動かさずに胸椎を動かすことが大切です。もともと腰椎は回旋の動きが少ない関節なので、無理にねじろうとすると腰を傷めるリスクも生じます。

胸椎を動かすためには、肋骨がちゃんと動いていなければいけません。リカバリー動作では、まず肋骨を動かして胸郭を左右に広げる必要があります。これは、クロールの息つぎのしやすいサイドを決めるときや、背泳ぎのローリング動作などに直接かかわる非常に重要な動きです。

リカバリーハンドが前にきたところでは胸椎が真っすぐに伸びている必要があります。胸椎が丸まっていると、肩甲骨を内側に寄せられません。そして、肩甲骨が左右に開いていると腕が真上に挙がりません。無理に腕を挙げようとすると肩を傷めてしまいます。つまり、リカバリーでも胸郭をしっかり動かすことが大切なのです。胸郭が左右に広がって胸椎が伸びることで初めて肩甲骨を内側に引き寄せ、手を伸ばす方向に肩甲骨を起こすことができます。

胸椎の曲がりと腕の動き

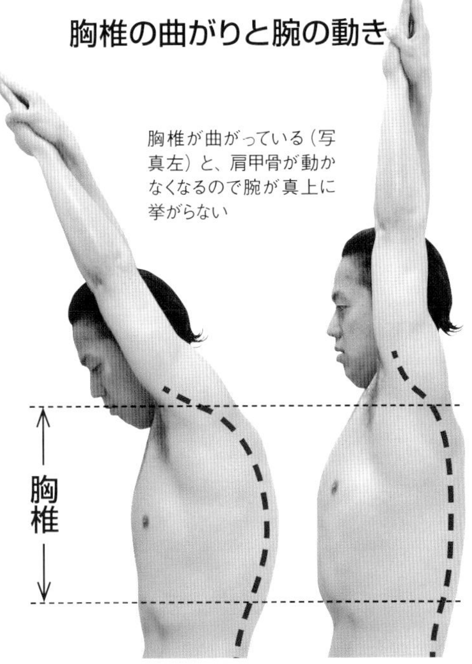

肩甲骨が左右に開いた状態　　肩甲骨を引き寄せた状態

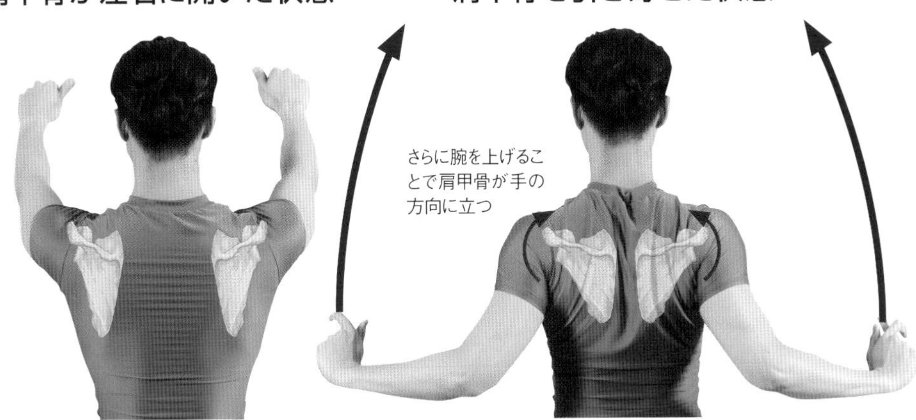

①トランクツイスト

クロール
背泳ぎ
バタフライ
平泳ぎ

胸郭の動きをよくするためのトレーニング

左右それぞれ 10回×2セット
※ 骨盤が動かないように注意

リカバリー動作に大切な肋間筋の動きをよくするためのトレーニングです。骨盤が左右にねじれてしまうと体幹全体の動きになってしまうので気をつけましょう。

1
両手と両ひざを床についた四つんばいの姿勢で軽く腹圧を入れ、片手を後頭部に当てて腕を水平に保つ

2
ひじの位置を上げるように上体をゆっくりひねり、ゆっくり元の姿勢に戻る。骨盤を下に向けたまま上体だけをひねる

②うつ伏せツイスト

側腹部全体の柔軟性を高めるトレーニング

左右交互にそれぞれ **5**回 × **3**セット

※ 平泳ぎ以外の3泳法

クロール
背泳ぎ
バタフライ
平泳ぎ

リカバリーハンドをスムーズに動かすために、胸郭の動きと同時に側腹部の柔軟性を高めておくことが大切です。肋骨から上が動かないように固定して下半身をひねりましょう。

③バランスボールツイスト

クロール
背泳ぎ
バタフライ
平泳ぎ

体幹を使ってバランスを崩さずに体をひねる

各バリエーション
左右交互にそれぞれ
5回×3セット

※ Variationは平泳ぎ以外の3泳法
※ 自分に合った負荷強度で行なう
※ ねじったときに下側の体側をしっかり伸ばす

　肩甲骨を寄せた状態で体をひねる動きをスムーズにするためのトレーニングです。バランスボールを使うことで、バランスをとるために体幹を使う必要があります。

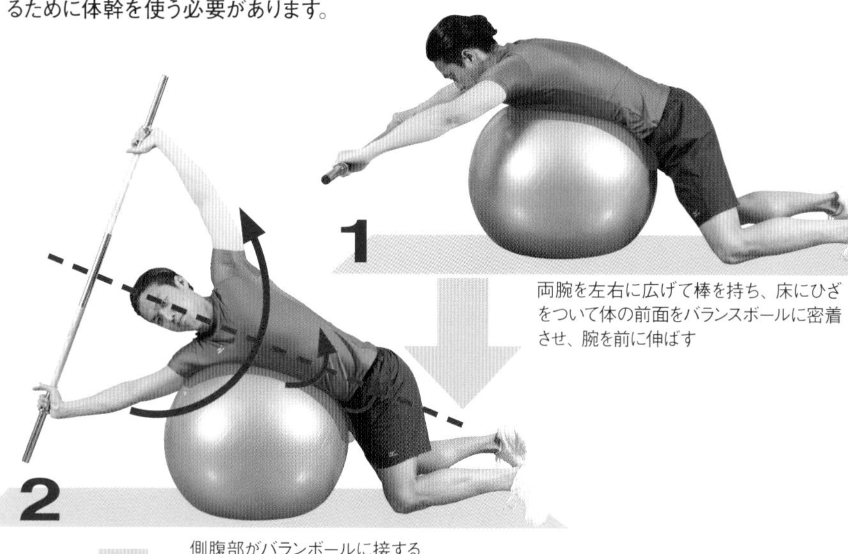

両腕を左右に広げて棒を持ち、床にひざをついて体の前面をバランスボールに密着させ、腕を前に伸ばす

側腹部がバランボールに接するようにボールの上で体をひねる

元の姿勢に戻る

逆サイドでも同じことを行なって元に戻したところで1回にカウントする

Variation① 胸から上をひねる

骨盤を固定して胸郭の動きで体をひねるトレーニングです。平泳ぎ以外の3泳法の水上で行なうリカバリーの動きをスムーズにするためのトレーニングです。

1 両腕を左右に広げて棒を持ち、床にひざをついて腹圧を入れ、骨盤とお腹をバランスボールに乗せ、腕を前に伸ばす

2 腹圧を抜かずに骨盤を下に向けたまま上体だけを横にひねる

3 元の姿勢に戻る

4 逆サイドでも同じことを行なって元に戻したところで1回にカウントする

Variation② 脚を伸ばして胸から上をひねる

足を伸ばし、体幹を一直線に保って行なうトレーニングです。左右にバランスを崩しやすくなるぶん、体幹にかかる負荷が高くなります。

両腕を左右に広げて棒を持ち、足を肩幅程度に開き、腹圧を入れ、お腹をバランスボールに乗せて、腕を前に伸ばす

腹圧を抜かずに骨盤を下に向けたまま、バランスを崩さないように上体だけを横にひねる

元の姿勢に戻る

逆サイドでも同じことを行なって元に戻したところで1回にカウントする

④フロントブリッジツイスト

ローリング泳法の腕の可動域を広げる

左右交互にそれぞれ **5**回 × **2**セット

クロール
背泳ぎ
バタフライ
平泳ぎ

どこまで腕を伸ばして腹筋を使えるかを確認しながら強化ができるトレーニングです。陸上では浮力がないため、水中より負荷を高めたトレーニングになります。

1

フロントブリッジ（33ページ参照）の姿勢からスタートする

2

骨盤を下に向けたまま、胸郭を柔らかく動かして片方のひじを持ち上げる

3

元の姿勢に戻る

4

逆サイドでも同じことを行なって元に戻したところで1回にカウントする

⑤肩甲骨4動作(バランスボール)

10回 × **2**セット

1
両ひざを床につき、お腹をバランスボールに乗せて腹圧を入れる

2
ひじを90度に曲げて腕を左右に広げて肩甲骨を引き寄せる

腹圧を入れた状態で肩甲骨の動きをよくする

リカバリー動作と同様に、腹圧を入れた姿勢で肩甲骨を動かすトレーニングです。肩甲骨を大きく動かすためには胸郭も動かす必要があります。力まずに胸郭を柔らかく使うことを心がけましょう。

NG 胸椎が丸まっている

背中が丸まっていると肩甲骨を寄せられない

3

肩甲骨を引き寄せたまま、体幹と一直線になるように腕を真っすぐ伸ばす

4

再びひじを90度に曲げ、**2**の姿勢に戻した後、**1**の姿勢に戻る

⑥肩甲骨4動作

クロール
背泳ぎ
バタフライ
平泳ぎ

肩甲骨内側の筋肉を鍛えて腕の可動域を広げる

10回×2セット
※ 負荷が強くなり過ぎないように注意

リカバリー動作で腕を引き上げるときに必要な肩甲骨の内側の筋肉を鍛えるトレーニングです。腕の筋肉をリラックスさせて、肩甲骨を使ってから腕を動かすことで、腕の可動域が広がります。

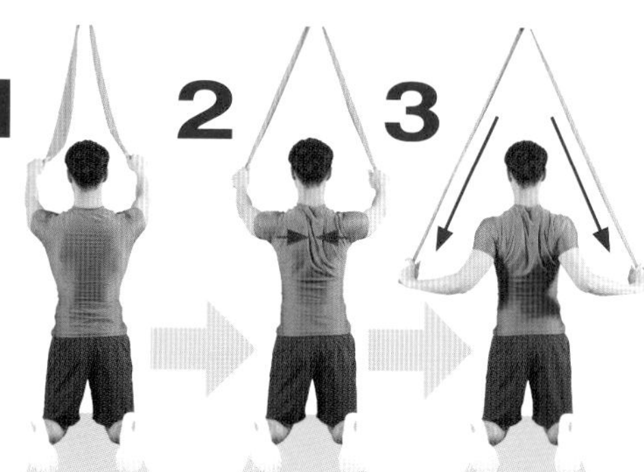

最初に肩甲骨を内側に引き寄せ、その状態で腕を動かす

1
腕を肩幅程度に開いて、斜め上方に腕を伸ばして左右の手でセラバンドの両端を持ち、肩甲骨を引き寄せる

2
肩甲骨を引き寄せたまま両腕を広げるようにセラバンドを真っすぐ引く

Advance うつ伏せドローインで行なう

セラバンドを使わずに、うつ伏せで腹圧を入れて行なう肩甲骨4動作です。抵抗は小さくても、腹圧を維持するのが非常に難しいトレーニングです。

1

うつ伏せになり、ひじを90度に曲げ、両肩のラインの延長線上にひじがくるところで手のひらを下に向けて床につき、腹圧を入れる

2

肩甲骨を内側に引き寄せて両腕を浮かせる

3

腕が水平になるように両腕を前方に伸ばす

4

再びひじを90度に曲げ、**2**の姿勢に戻した後、**1**の姿勢に戻る

Column 2

筋肉痛さえなければ毎日でもできる体幹トレーニング

通常の筋力トレーニングでは中2日程度空けて行なうことで
効率よく筋の成長を促すことができます。
しかし、体幹トレーニングの場合は毎日やっても大きな疲労は残りません。

本書ではたくさんのトレーニングを紹介していますが、そのすべてを毎日やるというのは不可能です。しかし、一般的なウエイトトレーニングのように超回復を待って中2日程度空けて行なわなければならないわけではありません。

本書で紹介しているトレーニングは、それほど負荷は高くありません。もし、最初は筋肉痛になったとしても、慣れてきたら筋肉痛が生じないトレーニングばかりです。むしろ、この程度のトレーニングでは筋肉痛にならない体を作るのが目的の一つとも言えます。

後半で紹介しているトレーニングには少しきついものもあるので筋肉痛が起こるかも知れません。しかし、それ以外のトレーニングで起こる筋肉痛は、本来使われていなければならなかった筋肉が今まで使われていなかったことを意味します。

今まで使われていなかった深層筋を使うのが本書の狙いです。瞬発力を発揮する体の表面近くにある筋肉と異なり、深層筋は持久筋です。慣れないうちは多少筋肉痛が起きたとしても、体が順応すれば筋肉痛にならなくなります。

もし、筋肉痛になった場合は、トレーニングで傷がついた筋肉を回復させるために中2日程度空けて、超回復の時期に次のトレーニングを行なうようにしましょう。そうすれば、効率よく筋肉を成長させられます。

一般的な筋肉の「超回復」と筋成長

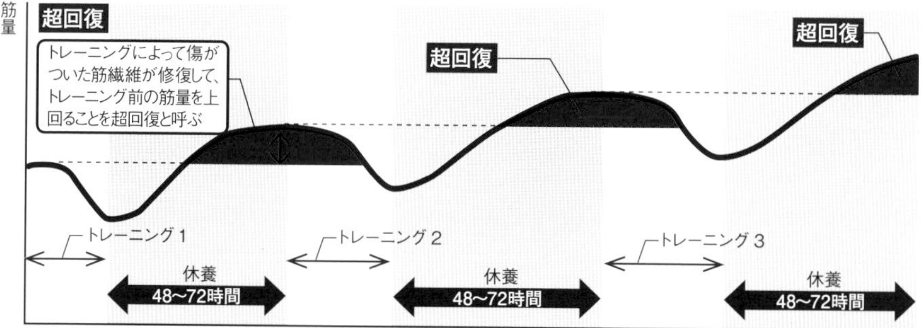

PART 5
キックで大きな推進力を生むためのトレーニング

キックで大きな推進力を生むためのトレーニング

骨盤を固定して高い腰の位置で効率のいいキックを打つ

骨盤を安定させることでキックの推進力が増す

キックの力を効率よく推進力につなげるためには、骨盤を安定させた状態でキックを打つことが大切です。骨盤をぐらつかせずにキックを打つことで、キックから得る推進力が増します。

また、骨盤を安定させることは、下半身を高いポジションに維持することになるので、浮力を得ることにもつながります。下半身が浮くことで、腰が反らないので腰にかかる負担も軽減されます。

それを実現するためには、骨盤を固定する体幹の力が必要になります。

水泳では、つねにある程度の腹圧を入れておくのが基本です。泳ぐ動作のどの局面においても、腹圧が抜けてしまっては困ります。その一連の動作の中でも、キックで脚に強い負荷がかかったところで、骨盤を止めておけるかどうかがとくに重要なポイントになります。

キック動作の特徴

- 骨盤を安定させてキックを打つ
- 腹圧を入れて下半身を引き上げた状態でキックを打つ
- 平泳ぎのキックでは足の裏を後方に向けて打つ
- バサロキックやドルフィンキックは胸から打つ

● 4泳法のキック動作

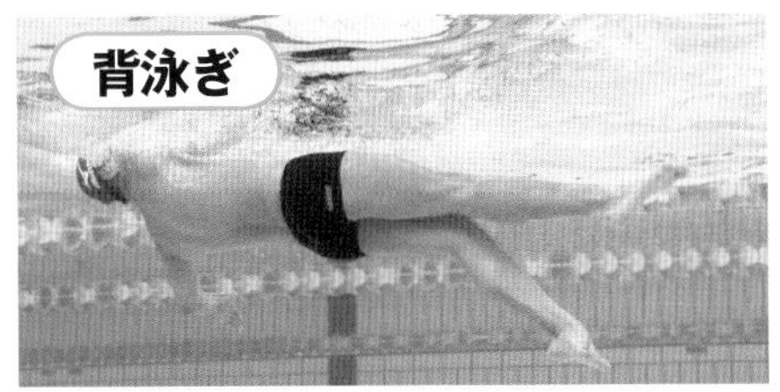

キック動作の特徴は泳法ごとに大きく異なる

平泳ぎ以外の３泳法のキックの基本はバタ足の動きです。うつ伏せでバタ足を行なうのがクロール、それをあお向けで行なうのが背泳ぎ、うつ伏せで両脚をそろえて行なうのがバタフライのドルフィンキック、さらに両脚をそろえてあお向けで行なうのが背泳ぎで行なうバサロキックです。

４泳法の中で唯一、平泳ぎだけがキックの体の使い方が異なります。しかし、キックを打つときに必要な体幹の使い方はクロールやバタフライと同じです。

また、背泳ぎはあお向けで泳ぐ泳法ですが、体幹を安定させるときにほかの３泳法に比べると体の背面の筋肉を使う割合が大きくなります。また、クロールと同様にローリングをするため、体の向きを変えて体幹を安定させられるようにしておくことが大切です。

ドルフィンキックやバサロキックは、下半身をムチのようにしならせて泳ぐため、腰の前後の動きが大切なように思われますが、実際は腰だけで動かさないのが理想です。バタフライや平泳ぎのリカバリーと同様に、胸郭の前後の動きがポイントになります。

下半身を胸から動かすことでキックで動かす部分のリーチも長くなり、より大きな推進力を得ることができます。これらのキックを腰から打ってしまうと、リーチが短くなるだけでなく、腰を傷める原因にもなるので注意しましょう。

クロール

ローリングしても腹圧を抜かずに腰を高く保つ

クロールのキックは「バタ足」と呼ばれている左右交互に蹴り下ろすキックです。下に蹴り下ろすダウンキックは、推進力とともに浮力も生み出しています。腹圧を入れて骨盤を高い位置に安定することで、ダウンキックのときに脚の背面を使えるようになるため、アップキックとダウンキックの両方からより大きな推進力を得られるようになります。

このように、クロールではローリングで体幹がひねられても腹圧を抜かずに下半身を高い位置に保ってキックできるようになることが大切です。

バタ足ではプールの底に向かって蹴り下げるダウンキックと水面に向かって蹴り上げるアップキックがつねに同時に行なわれている

バタフライ

腰の位置を変えずにドルフィンキックを打つ

バタフライのキックは「ドルフィンキック」と呼ばれている、左右の脚をそろえて行なうキックです。泳ぎの局面によって、手の入水に合わせて行なうキックを「ファーストキック」、プルのタイミングで打つキックを「セカンドキック」と呼んで区別しています。

ドルフィンキックは、腰を前後に動かして打つように見えますが、実際は体幹を使って骨盤を安定させているため、腰の位置はほとんど変わっていません。

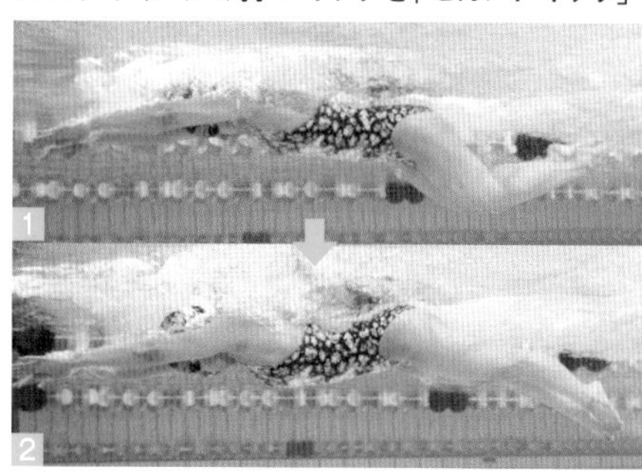

手の入水直後にファーストキックを打ち、抵抗の少ないストリームラインを作って進む

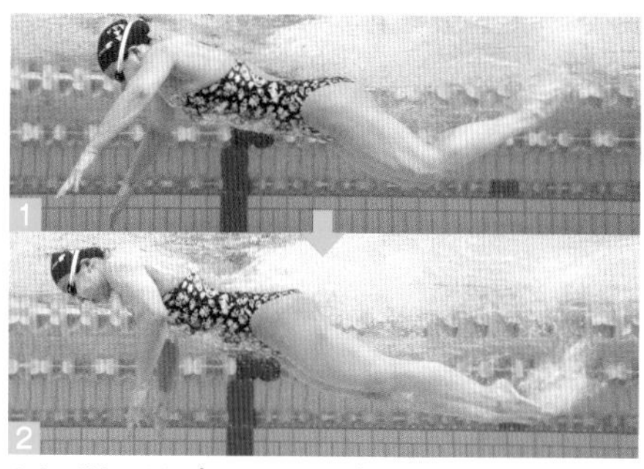

セカンドキックとプルのタイミングで最大の推進力を得て、上体を水上に持ち上げてリカバリー動作を行なう

背泳ぎ

沈みやすいお尻や脚を高い位置に保つ意識が大切

背泳ぎでは、下半身を持ち上げるために股関節やお尻の筋肉が重要になります。お尻や脚が沈みやすい泳法なので、つねに下半身を高く保つ意識を持つ必要があります。

背泳ぎでは、アップキックとダウンキックの両方から推進力が生まれます。大きなローリングが入るので、いろいろな姿勢で体幹を鍛えておくことが大切です。

クロールと比較するとローリングが大きく、キック動作も大きくなるのが背泳ぎの特徴

バサロキックは、腰からではなく胸から体をしならせて打つ。胸郭の前後の動きが重要になる

平泳ぎ

唯一キックから大きな推進力を得て進む泳法

平泳ぎのキックは、体幹の使い方に関してはほかの3泳法と同じですが、キックの脚の動きは独特なものです。スイマーに求められる能力も、ほかの3泳法と大きく異なります。

平泳ぎのキックで最も大切なのが、後方に向けた足の裏で水をキャッチして押し出すことです。平泳ぎでは、ストロークよりキックから大きな推進力を得て前に進みます。

キック動作に必要な身体能力

大きな推進力と小さな抵抗を両立さるために必要な腹圧

腰を高い位置に保って、骨盤をぐらつかせずにキックを打てるようになるためには、体をひねったり、脚を動かしたときにも腹圧が抜けないようにしておく必要があります。各泳法に必要な身体能力を高めておきましょう。

① キックを打つときは腹圧を入れて骨盤を安定させる

骨盤が安定していれば、キックの前後で腰の位置が変わらず、キックから得た力を効率よく推進力につなげることができる

キック動作では、水の抵抗を脚全体に受けるため、骨盤がぐらぐら動きやすくなります。キックから得る推進力を効率よく発揮させるためには、腹筋で骨盤を固定して脚を動かすトレーニングが有効です。脚を動かしたときにも体幹をしっかり安定させて、腰が反らないようにしておきましょう。

実際の泳ぎの中でも、体幹を安定させてボディーポジションを上げることで、水から受ける抵抗が小さくなります。

最初はお腹を凹ませるドローインの基本（26ページ参照）を習得し、徐々に負荷を高めていきましょう。負荷の高いトレーニングでも、一定の腹圧を発揮し続けられるようになりましょう。

トレーニングで得られる成果

1. キックを打つときに骨盤が安定して得られる推進力が増す
2. ボディーポジションが上がることで水から受ける抵抗が減る
3. 平泳ぎで大きな推進力を得られるキックが打てる

② 背泳ぎで骨盤を安定させるには背筋と腹筋の両方が重要

背泳ぎは、ほかの3泳法とはメインで使う筋肉が異なります。あお向けで泳ぐ背泳ぎでは、背筋を使う比率が高くなります。しかし、体の位置を高くするために背筋を使うと腰が反やすくなります。骨盤を安定させるためには、腹筋をしっかりと使う必要があるのです。

さらに、背泳ぎでは体を大きくローリングさせるため、いろいろな向きで体幹を安定できるようになることも大切です。基本的には脚を伸ばした状態で行なうトレーニングが主体となります。

また、ドルフィンキックやバサロキックでは、胸郭を前後に柔らかく動かす必要があります。腰椎の動きを抑えて、胸椎を動かせるように肋間筋の柔軟性（41ページ参照）を高めておきましょう。

③ 平泳ぎではお尻の筋力と股関節の柔軟性を高める

かかとをお尻に引き寄せて足の裏を後方に向けるには股関節の柔軟性が必要

骨盤を安定させてお尻の位置を高く保ったまま後方に水を蹴る。ジャンプするときのようにお尻の筋肉を使う動作になる

4泳法の中で平泳ぎのキックだけが、考え方が異なります。平泳ぎのキックは、ジャンプ動作に似たお尻の筋肉を使った動きになります。PART6で紹介するお尻の筋肉を使ったトレーニングが有効です。

体幹を効かせて力みのないキックを打つのが大切なのはほかの泳法と同じです。本章で紹介するキックの基本トレーニングを行なうことで、キックのときのお腹の使い方を体得しておきましょう。

また、平泳ぎは足の裏で水を後方に蹴り出して推進力を得て進みます。このときの足の使い方で、足首の柔軟性が必要と勘違いされがちですが、脚の構造からすると実際は股関節の柔軟性が重要になります。

かかとをお尻に引き寄せた後に、股関節を柔らかく使って脚をつけ根から内側にひねる（内旋）ことで足の裏を後方に向けて蹴り出すことができるようになります。

脚のつけ根が硬いとお尻の筋肉も硬くなり、その結果としてひざや足首を無理矢理ひねってつま先を外に向けなければならなくなるのです。

① ドローインで両脚上げ

キック時の骨盤の左右のブレをなくす

キックのときの骨盤の左右のブレを抑えるために必要な側腹部の筋肉を鍛えるトレーニングです。

左右それぞれ

10回×2セット

※自分に合った負荷強度で行なう

1

下側の手を頭上に向けて真っすぐ伸ばして横向きに寝る。体が前後にぐらつかないように上側の手を床に置いて腹圧を入れる

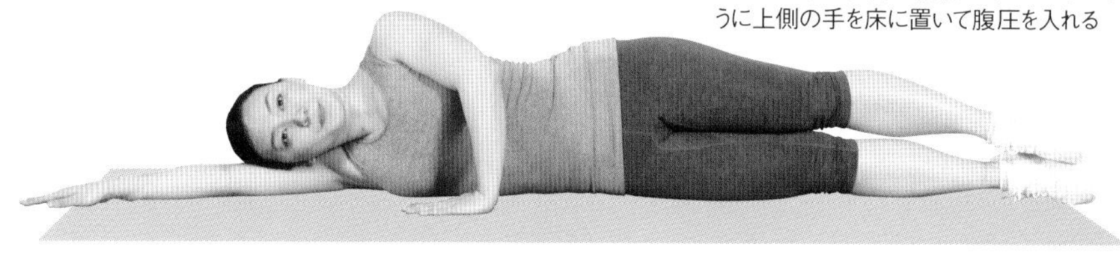

2

上側の側腹部の筋肉を使って両脚をそろえたまま1秒間上げ、元の姿勢に戻す

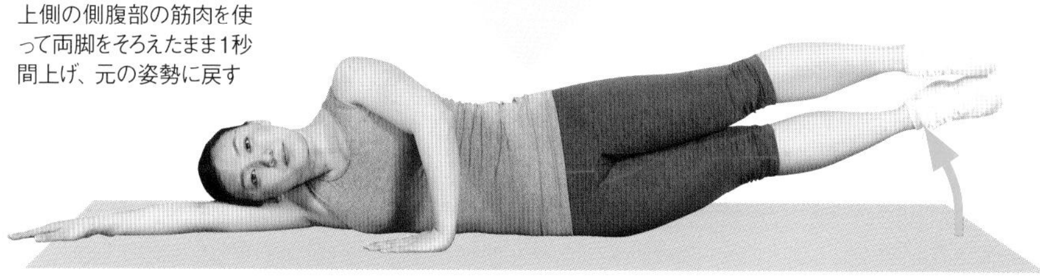

Advance 両手を挙げて行なう

体幹に力を入れにくい手を挙げた姿勢で行なうことで、体幹にかかる負荷を高めたトレーニングになります。

1

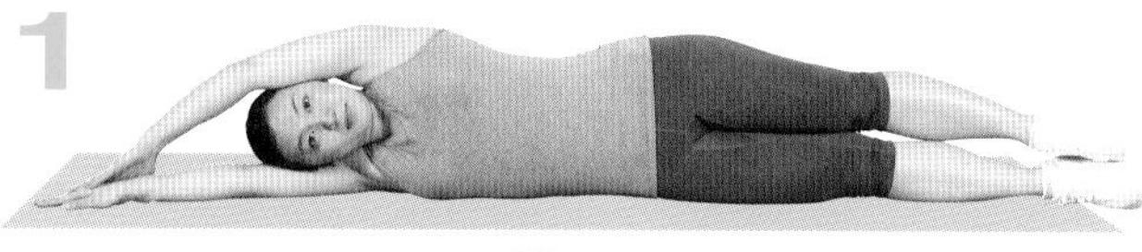

上側の手も頭の上に伸ばした姿勢で横向きに寝て腹圧を入れる

2

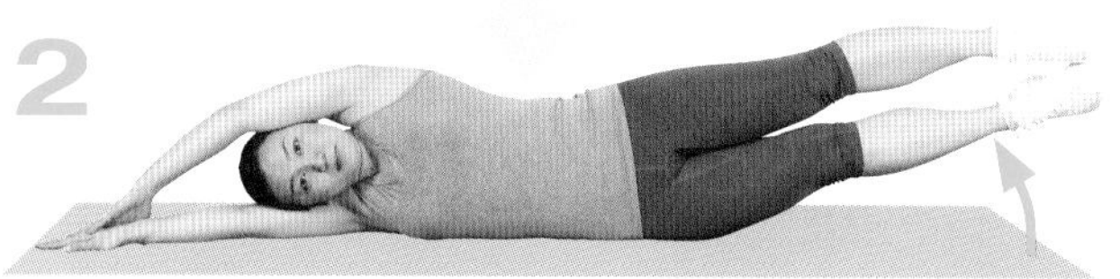

前後にバランスを崩さないように両脚をそろえたまま真上に1秒間上げ、元の姿勢に戻す

②うつ伏せ片脚上げ

左右それぞれ 10回×2セット

腹圧を入れた状態でお尻や太もも裏側の筋肉を使う

腹圧を入れた状態で、お尻と太もも裏側の筋肉を使って脚を持ち上げる動作は、うつ伏せの泳法のアップキック、あお向けの泳法のダウンキックをしたときに骨盤を安定させる体幹の使い方につながります。

1

両腕を頭上に向けて伸ばしてうつ伏せになり、片方のひざを90度に曲げ、骨盤を後傾させて、鼠径（そけい）部を床に押しつける

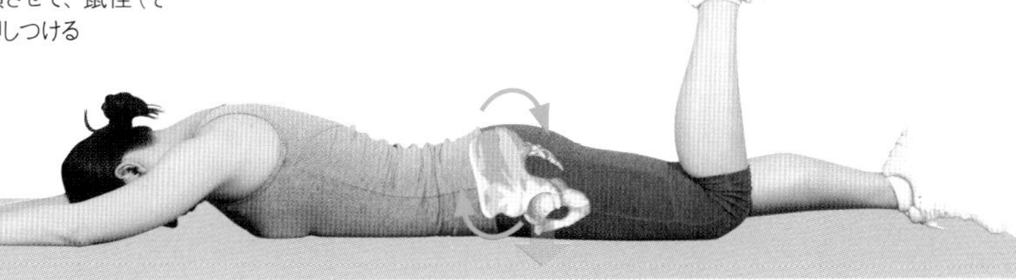

2

お尻の筋肉を使って曲げている方の脚をできるだけ高く真っすぐ上げ、ゆっくり元に戻す

③ あお向け骨盤後傾エクササイズ

クロール
背泳ぎ
バタフライ
平泳ぎ

水をとらえたキックを打てるようにするトレーニング

10回×2セット
※ソフトジムなどの柔らかいボールを使用する

キックでしっかり水をとらえるためには、お尻に力を入れたまま脚を少し内側にひねって（内旋）キックを打つことが大切です。お尻と太もも内側の筋肉を同時に使えるようにするためのトレーニングです。

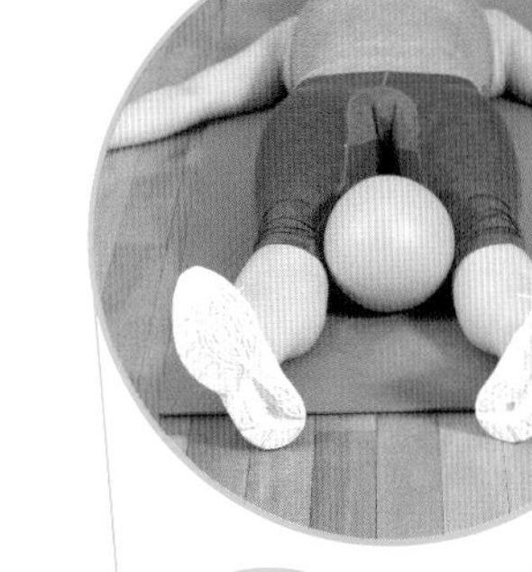

1

ひざの内側にボールを挟んであお向けに寝る。腹圧を入れて骨盤を後傾させ、お尻の筋肉に力を入れる

2

お尻に力を入れたままボールをつぶすように脚を内側に絞り込み、1秒間保持したら元の姿勢に戻す

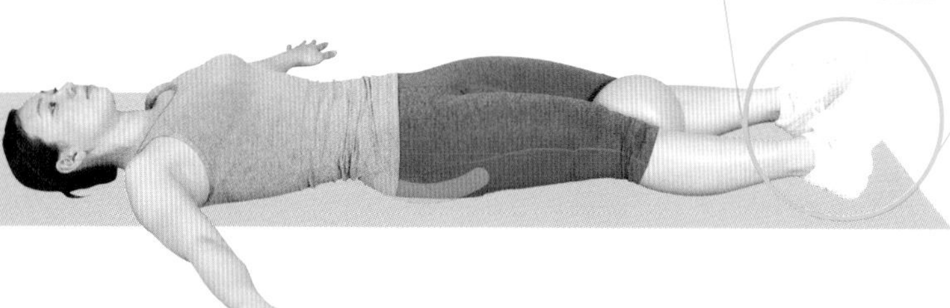

④ アウトサイドブリッジ

側腹部にかかる負荷を高めたトレーニング

左右それぞれ 10回 × 2セット

※ 太ももの外側が張りやすい人は行なわない
※ 自分に合った負荷強度で行なう

　左右に大きくローリングしたときでも、腹圧が抜けずに骨盤を安定させてキックを打てるようになるためのトレーニングです。

1
横向きでひじとひざで体重を支持し、腹圧を入れて、ひざから頭までを一直線に保つ

2
腹圧を抜かずに体幹の姿勢を保持したまま、上側の脚をゆっくり上げ、ゆっくり元に戻す

Advance ひじと足で支持して行なう

　ひじと足の外側で体を支持することで側腹部にかかる負荷を高めたトレーニングになります。

1
横向きでひじと足で体を支持し、腹圧を入れて足から頭までを一直線に保つ

2
腹圧を抜かずに体幹の姿勢を保持したまま、上側の脚をゆっくり上げ、ゆっくり元に戻す

⑤ フロントブリッジ片脚上げ

左右交互にそれぞれ 10回 × 2セット

- 腰を反らせないで行なう
- 自分に合った負荷強度で行なう

1

両手と両ひざを床について腹圧を入れた姿勢からスタートする

2

片脚を水平になるところまでゆっくり後方に伸ばす

3

元の姿勢に戻る

4

逆サイドでも同じことを行ない、元の姿勢に戻ったところで1回とカウントする

下半身を高く保って キックできるようにする

腹圧を入れて下半身を引き上げた姿勢でキックを打てるようにするためのトレーニングです。「うつ伏せ片脚上げ（99ページ参照）」より負荷の高いトレーニングになります。

Advance① 両ひじと両ひざで支持して行なう

両ひじと両ひざで体を支持したフロントブリッジの姿勢で行なうことで体幹にかかる負荷を高められます。

1

両ひじと両ひざで体重を支え、腹圧を入れてひざから頭までを一直線に保つ

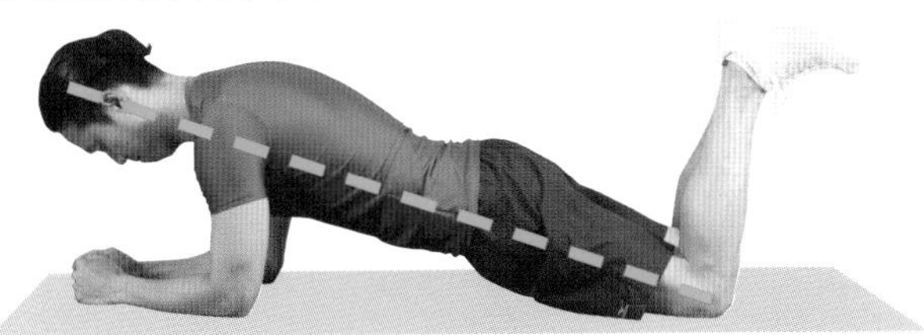

2

ひざを曲げたまま、骨盤が動かないところまでゆっくり脚を上げ、ゆっくり戻す。次に逆サイドで行なう

Advance② 両ひじと両足で支持して行なう

さらに高い負荷でやりたい場合は両ひじと両足で体を支持したフロントブリッジの姿勢で行ないましょう。

1

両ひじと両足で体を支え、腹圧を入れ体を一直線に保つ

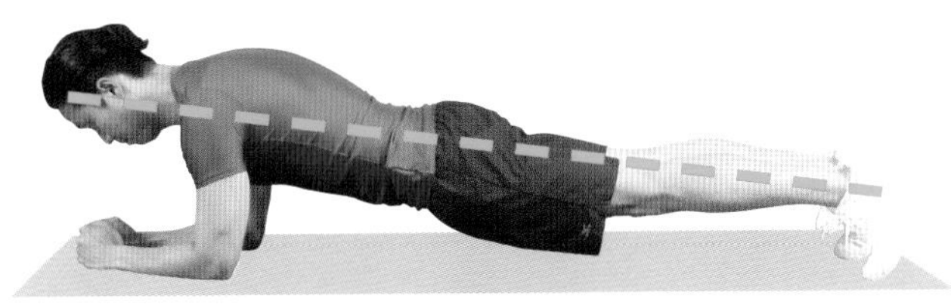

2

ひざを伸ばしまま、骨盤が動かないところまでゆっくり脚を上げ、ゆっくり戻す。次に逆サイドで行なう

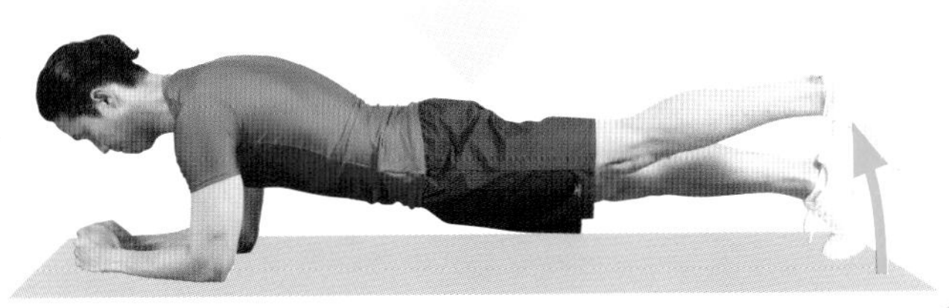

⑥ あお向け片脚上げバランス

左右交互にそれぞれ 10回×2セット
自分に合った負荷強度で行なう

1

ひざを90度に曲げ、バランスボールに背中を乗せてあお向けになって腹圧を入れる。腕は胸の前で交差させる

2

左右のバランスを保ちながら、腹圧を抜かずに片脚を水平になるところまでゆっくり上げる

3

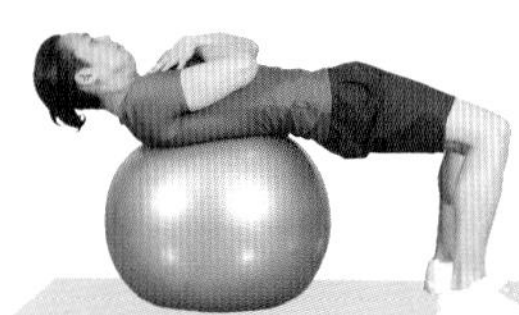

元の姿勢に戻る

4

逆サイドでも同じことを行ない、元の姿勢に戻ったところで1回とカウントする

背泳ぎで高い腰の位置を保つためのトレーニング

背泳ぎのアップキックや腰を高く保つために必要な股関節前面の筋肉を鍛えるトレーニングです。あお向けの姿勢で、腹圧を抜かずに脚を動かせるようになりましょう。

Advance 手を挙げて行なう

お腹に力が入りにくい両手を挙げた姿勢で行なうことで体幹にかかる負荷を高めたトレーニングになります。

1

上半身でストリームラインの姿勢を作って、背中をバランスボールに乗せ、あお向けで腹圧を入れる

2

左右のバランスを保ちながら、腹圧を抜かずに片脚を水平になるところまでゆっくり上げる

3

元の姿勢に戻る

4

逆サイドでも同じことを行ない、元の姿勢に戻ったところで1回とカウントする

⑦ あお向け両脚下ろし

10回×2セット

- 脚を下ろしたときに腰を反らせない
- 自分に合った負荷強度で行なう

姿勢の維持に必要な体幹と脚の筋肉を連動させる

強くて安全なキックを打つためには、みぞおちから足までを固定して、体幹と脚を連動させて動かす必要があります。これらの動きに必要な筋肉群を強化しておきましょう。

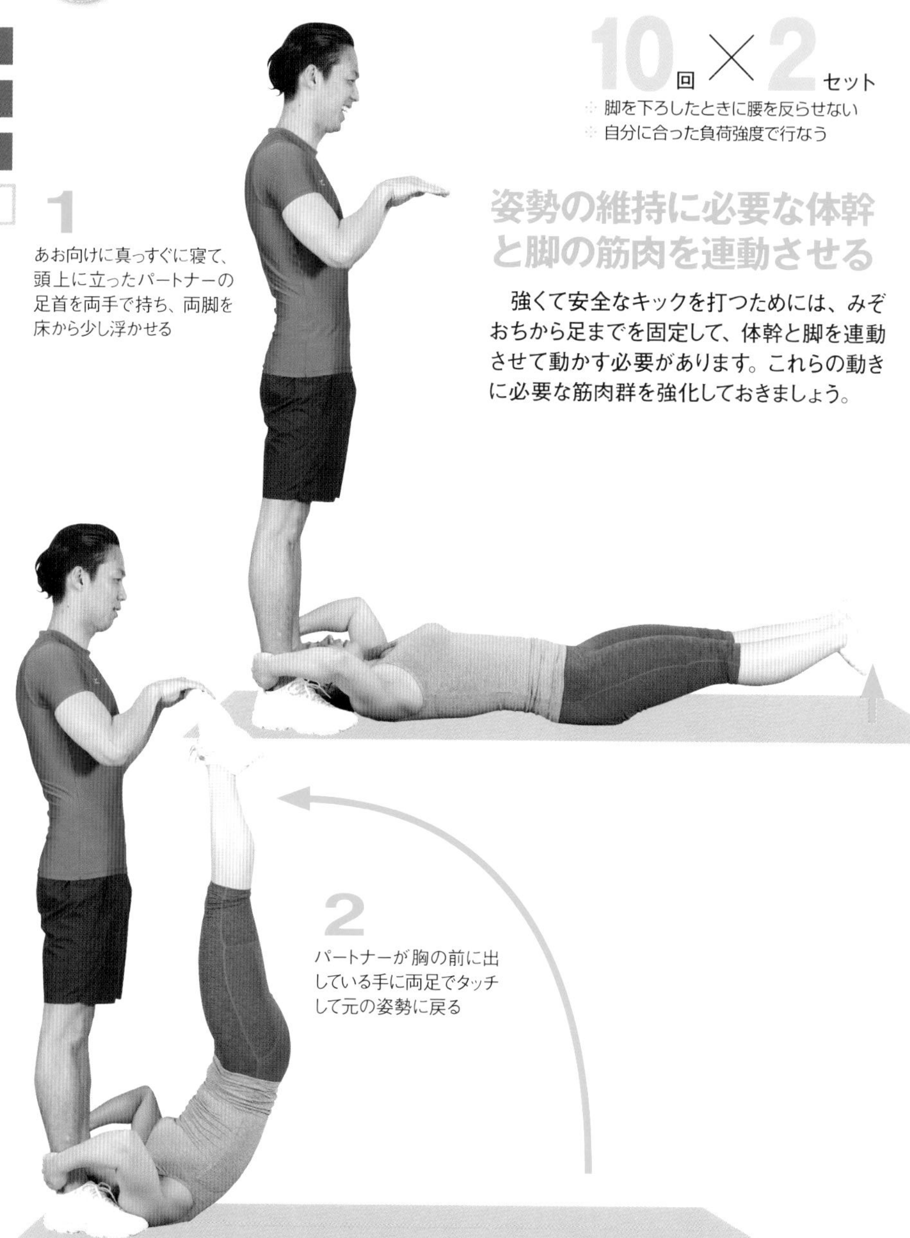

1

あお向けに真っすぐに寝て、頭上に立ったパートナーの足首を両手で持ち、両脚を床から少し浮かせる

2

パートナーが胸の前に出している手に両足でタッチして元の姿勢に戻る

Advance① メディシンボールを使用して行なう

両足にメディシンボールを挟んで、パートナーとボールの受け渡しを行ないます。ボールを落とさないように脚の内側の筋肉（内転筋）を使う必要もあります。

Advance② パートナーが脚を振り下ろす

脚を持ち上げたところからパートナーが振り下ろし、体幹の筋肉を使ってスピードをコントロールするトレーニングです。左右に振り下ろしたところから上げるときに側腹部の筋肉を使う必要があります。

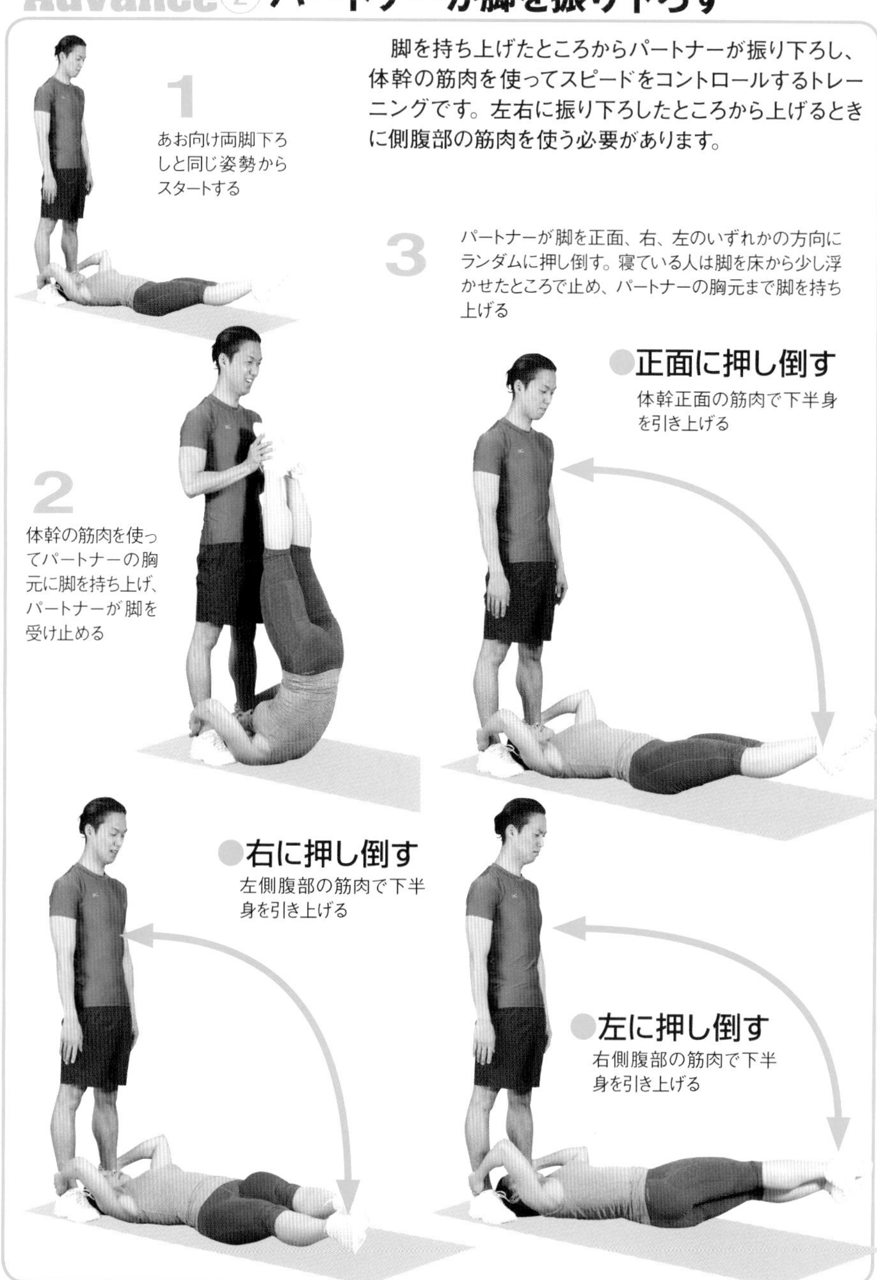

1
あお向け両脚下ろしと同じ姿勢からスタートする

2
体幹の筋肉を使ってパートナーの胸元に脚を持ち上げ、パートナーが脚を受け止める

3
パートナーが脚を正面、右、左のいずれかの方向にランダムに押し倒す。寝ている人は脚を床から少し浮かせたところで止め、パートナーの胸元まで脚を持ち上げる

●正面に押し倒す
体幹正面の筋肉で下半身を引き上げる

●右に押し倒す
左側腹部の筋肉で下半身を引き上げる

●左に押し倒す
右側腹部の筋肉で下半身を引き上げる

⑧ 股関節外旋筋ストレッチ

左右それぞれ　10～15秒×2セット

平泳ぎに必要な股関節の可動域を確保する

平泳ぎのキックで足の裏を後方に向けて水をキャッチするためのストレッチです。お尻の筋肉が硬いと脚が内旋しなくなるので、お尻と股関節まわりの筋肉の柔軟性を高めておきましょう。

イスやベンチを使って、座面に片脚の向こうずねをつけるように乗せる。脚を前後に開いて、座面に乗せた脚の太ももの方向に上体を倒す

ココを伸ばす

ベンチに乗せている脚側の股関節とお尻の筋肉を伸展する

Column 3

前日の疲れを残さずに 効率よくトレーニングする

翌日に疲れを残さないためのポイントはクーリングダウンです。
また、休日なども何もせずに家でゴロゴロしているのではなく、
積極的に体を動かす「アクティブレスト」を心がけましょう。

ケガなく安全にトレーニングをするためには、疲労を残さないことが大切です。

前日の疲れが残ったままトレーニングを行なうと、正しい姿勢や動きができません。その結果、代償動作として別の筋肉が使われてどこかに負荷が偏ることでケガをしやすくなります。

トレーニングの後は、必ずクーリングダウンをすることが大切です。筋力トレーニングだけでなく、体に負荷がかかる運動をした後に、そのまま終わるのではなく、軽い運動やストレッチなどをする習慣をつけましょう。

運動後に筋肉が張った状態になると、血管が圧迫されて血流が悪くなります。血流が悪くなることで、筋肉中に疲労物質がたまります。そこで、軽い運動をして血流を促すことで、筋肉中の疲労物質を除去できます。

できれば、本書で紹介しているようなトレーニングをした後は、軽く泳いで終わることをお勧めします。疲労物質を除去するだけでなく、もともと泳ぐためのトレーニングをしているので、軽く泳ぐことでその感覚を泳ぎに擦り合わせる効果もあります。

プールに入れない環境のときは、10～15分程度のウォーキングや軽いジョギングなどを行なうといいでしょう。トレーニング直後にマッサージなどを行なう人もいるかもしれませんが、筋肉が回復しているところでそれをゆるめてしまうのはあまり好ましいことではありません。マッサージをしたいのであれば、丸1日くらい経ってから行なう方がいいでしょう。

同時に、そのタイミングで完全に休養するのではなく、軽い有酸素運動やストレッチなどを行なって体を動かしながら疲労を回復した方がトレーニング効果を得やすくなります。これを「アクティブレスト」と呼びます。

体をバランスよく動かすという意味においては、本書に掲載したトレーニング自体が、プールで行なうスイムトレーニングに対するアクティブレストとしても使えます。軽く1セットづつ行なうことで、スイムで乱れた体のバランスを戻すダイナミックストレッチとして活用するといいでしょう。

PART 6

スタートとターンの能力を高めるトレーニング

タイムの短縮に直結する飛び出す力の強化

タイムを縮めるために不可欠な技術

水泳には、泳ぐ動作以外にもスタートやターンの動作があります。スタートやターンから得られる推進力は、4泳法のどの局面とも比較にならないほど大きなものです。スタートやターンから得た大きな推進力を、いかにロスせずにスイムにつなげていけるかで、タイムが大きく変わります。そのため、レースに出る選手であれば、スタートやターンの技術を磨くことは不可欠です。

近年のスタート台にはスターティングブロックがついているため、脚を前後に開き、前の足の指を台の縁にかけて蹴り出すクラウチングスタートを行なう選手がほとんどです。唯一、背泳ぎのスタートだけが、スタート台の下から壁を蹴って行なうスタートになるため、ほかの3泳法と体の使い方が異なります。

ターンに関しては、クロールと背泳ぎは壁の手前で体を縦に回転させるクイックターン、バタフライと平泳ぎは壁に

スタート&ターン動作の特徴

- お尻まわりの筋肉を使ってスタート台やカベを蹴る
- 股関節の柔軟性が必要
- プールの中では必要な筋肉を強化できない

● スタートの種類

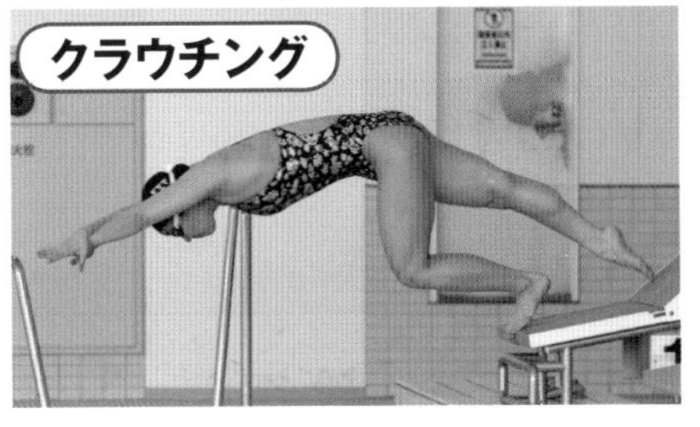

● ターンの種類

タッチしてから横方向に体を回転させるタッチターンを行ないます。どちらのターンの場合も、体を素早く丸めて、水中で壁を力強く蹴って進む動作になります。

スタートとターンを苦手とする選手が多い理由

スタートやターンを苦手にする選手は意外と多いものです。その理由は、スタートやターンでスタート台や壁を蹴る動作は陸上で行なうジャンプ動作に近く、水泳動作であまり使われていないお尻まわりの筋肉（臀筋群（でんきん））を使う必要があるからです。

４泳法の中で、唯一これに近い筋肉の使い方をするのが平泳ぎのキックです。そのため、スタートやターンがうまい選手は、平泳ぎの選手に比較的多く見られます。

水泳は腕を使って前に進む特殊な競技

水泳選手の６割程度は腰痛の悩みを抱えていると言われています。その原因の一つが臀筋群の弱さや股関節の硬さにあると考えられています。もともと臀筋群が弱い水泳選手が、スタートやターンの練習や陸上トレーニングで、力を入れようとしたときに腰を丸めてしまい、その結果、腰を痛めるのです。

臀筋群は水中では鍛えられないので、ケガ予防のためにも、陸上でのトレーニングが不可欠です。トレーニングでケガをしないためには、まずお尻の筋肉を使える正しいフォームを身につけ、臀筋群を使う動きに慣れたところで、徐々に負荷をかけていきましょう。

クラウチングスタート
スタート台を後方に押し出すように蹴る

以前は両足の指をスタート台の前縁にかけてジャンプする「グラブスタート」が主流でしたが、今はほとんどの選手が脚を前後に広げて行なう「クラウチングスタート」を採用しています。

クラウチングスタートは、脚を前後に開いているため反応速度が速くなることと、台から体が離れた後の軌跡が低く、深く潜り過ぎることを防げるメリットがあります。

この流れを受けて、近年のスタート台の傾斜は以前よりややきつくなり、後ろ足を置くためのスターティングブロック付きのスタート台がスタンダードになっています。

スタートでは高くジャンプするのではなく、台を後方に押し出すようにすることが大切です。できるだけ勢いをつけて低い角度で入水することが理想とされています。そのために必要なのが、後ろ脚のお尻の筋肉を使うことです、前脚の太ももの筋肉でジャンプしてしまうと、ジャンプ軌道が高くなるだけでなく、ジャンプ後に腰にかかる負担も大きくなって、腰を傷めやすくなります。

バックスタート
背筋とお尻の筋肉を連動させて動かすことが大切

背泳ぎのスタートは、上体を後ろに倒してから壁を斜め上方に蹴って、空中でストリームラインを作ってから入水します。

スタートのときは、バーを押すように手を離して腕を振り上げながら、つま先が伸び切るまで壁を蹴って、空中姿勢を作ります。

蹴った直後に腰が落ちないようにするためには、壁を蹴るときにお尻の筋肉を使うことが大切です。また、バックスタートでは、空中ですぐにストリームラインを作るために背筋とお尻の筋肉の動きの協調が大切になります。

RISU
1

クイックターン

お尻の筋肉を使って壁を真っすぐ蹴り出す

クロールと背泳ぎで使われるのがクイックターンです。背泳ぎの場合は壁の数メートル手前ででうつ伏せになってからターン動作を行ないます。ターン後の姿勢は、クロールではできるだけ横向きに近い姿勢、背泳ぎではあお向けで、上体でストリームラインを作りながら、両足が壁につくと同時に、お尻の筋肉を使って真っすぐ壁を蹴り出します。

タッチターン

できるだけ抵抗を受けない姿勢で体の向きを変える

バタフライと平泳ぎで使われるのがタッチターンです。両手で壁にタッチした後に水中のひじを素早く引いて、もう一方の手は水上を通して頭の上に移動します。

壁に両足がついたときにはストリームラインができていなければなりません。横向きで壁を蹴り、徐々に体を下に向けて進み、壁を蹴った勢いが落ちる前に泳ぎ始めます。

スタート&ターンに必要な身体能力

スタートやターンでお尻の筋肉を使えるようにする

スタートとターンで必要とされるのは、股関節を柔らかく使って、お尻の筋力を発揮することです。お尻の筋力が弱い人は、負荷を高めたトレーニングをするための準備にあたるトレーニングから開始することが大切です。

① お尻の筋肉を使ってスタート台や壁を強く蹴る

壁やスタート台を蹴る力は、陸上でのジャンプ動作と同様にお尻の筋肉から生まれる

スタート台や壁を蹴る動作では、お尻まわりの筋肉（臀筋群）を使う必要があります。お尻の筋肉を使わずに跳ぶと、高く上がり過ぎたり、ひざを傷めることもあります。

しかし、水泳選手の多くは臀筋群に弱点があるという特徴があります。平泳ぎはキックで臀筋群を必要としますが、それ以外の泳法に関しては基本的に推進力を得るための動作としては臀筋群をあまり使いません。バタ足やドルフィンキックの動作でも、水中で動いている限りはつねに水の粘性抵抗を受けているため、主として使われるのは太もも の筋肉です。そのため、スイムトレーニングだけではお尻の筋肉は鍛えられません。ケガ予防のためにも、必ず陸上トレーニングをやっておきましょう。

トレーニングで得られる成果

❶ スタート台や壁から得られる反力が強くなる
❷ スタートやターン直後に得られる推進力が大きくなる
❸ 効率のいいトレーニングができるようになる

② 股関節を柔らかく使ってキック動作を行なう

近年はスタート台にスターティングブロックがついているので、以前より増して股関節の伸展筋力が求められるようになりました。プールでスタートやターンの練習をやっていると、お尻が硬くなるという選手も多いことでしょう。

お尻まわりの筋肉が弱いと、臀筋群が疲労して硬くなります。臀筋群が硬くなることで、股関節の可動域が狭くなります。その結果、スタートやターンの練習で体を丸めたときに、腰を傷めてしまうのです。

股関節の可動性を保持するためには、まず臀筋群の柔軟性を高める必要があります。

スタート台を蹴るときに上体でストリームラインの姿勢を作るには、股関節をやわらかく使う必要がある

ターンでは体をひねりながら壁を蹴るため、お尻や股関節まわりの筋肉の柔軟性が求められる

③ トレーニングでケガをしないための筋力をつける

臀筋群のトレーニングを行なう際は注意が必要です。多くの選手は太ももの筋肉を使う水中動作に慣れてしまっているので、弱い負荷から行なわないとうまく臀筋群を鍛えられません。実際、お尻の筋肉だけ使うのは非常に難しいものです。それを知らずにスクワットを続けていると、太ももだけがどんどん太くなっていってしまうという悪循環につながりかねません。

これを防ぐために、お尻の筋肉が収縮している感覚を確認しながらトレーニングを行なうようにしましょう。

陸上のウエイトトレーニングなどで、腰を傷めるケースを非常に多く見かけます。泳いでいても痛まないが、スタートやターンで腰を丸めたときに痛みが生じるようになります。その原因は、お尻の筋肉が使えていないことにあります。

最初から、太もも裏側の筋肉（ハムストリング）に負荷をかけたトレーニングをするのではなく、まずお尻を使うトレーニングから徐々に負荷を高めていくことがケガ予防につながります。

①両脚バックブリッジ

クロール
背泳ぎ
バタフライ
平泳ぎ

内転筋を緊張させたまま お尻の筋肉を使う

10回×2セット
※ ソフトジムなどの軟らかいボールを使う

腹圧を入れたまま、ボールを挟んで両脚バックブリッジを行なうことで、お尻の筋肉を満遍なく鍛えることができます。さらに、腰を浮かせることでお尻に負荷をかけるトレーニングです。

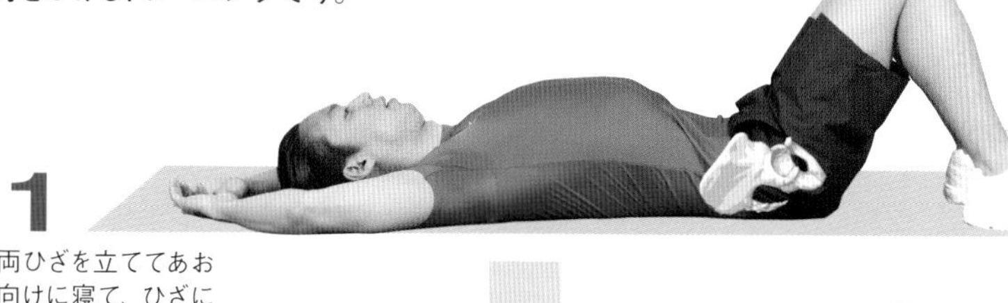

1
両ひざを立ててあお向けに寝て、ひざに軟らかいボールを挟む

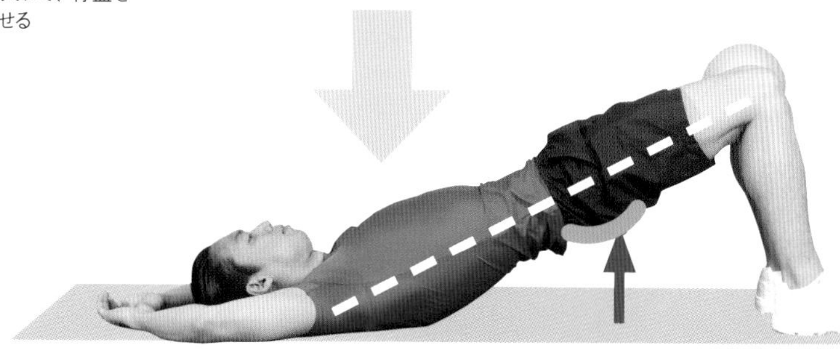

2
腹圧を入れて、骨盤を後傾させる

3
腹圧を抜かずにボールを落とさないようにひざから肩まで一直線になるところまでお尻を浮かせ、元の姿勢に戻る

NG 腰が反る

お尻の筋肉が使えていないと腰が反ってしまう

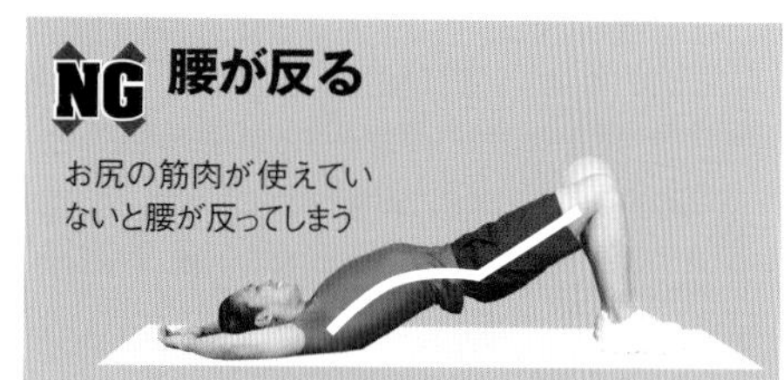

②片脚バックブリッジ①

お尻にかかる負荷を高めたトレーニング

左右交互にそれぞれ **10**回 × **2**セット

※ ソフトジムなどの軟らかいボールを使う

クロール
背泳ぎ
バタフライ
平泳ぎ

両脚バックブリッジに片脚を上げる動作を加えることで、支持脚側のお尻にかかる負荷を強くしたトレーニングです。脚を伸ばしたときに骨盤が左右に傾かないようにしましょう。

1

両脚バックブリッジのお尻を浮かせた姿勢からスタートする

2

腹圧を入れたまま、ボールを落とさないように体幹部と一直線になるところまで片脚を伸ばす。体重を支えている脚側のお尻の筋肉が鍛えられる

3

元の姿勢に戻る

4

逆サイドでも同じことを行ない、元に戻したところで1回とカウントする

③片脚バックブリッジ②

左右交互にそれぞれ 10回×2セット

お尻で体重を支えながら股関節を動かすトレーニング

バックブリッジをしながら股関節まわりの筋肉を使って脚を外側に動かすトレーニングです。股関節の動きと同時に、脚を広げたときに支持脚側のお尻の筋肉にかかる負荷も高まります。

1
ボールを使わない両脚バックブリッジの姿勢からスタートする

2
腹圧を入れたまま、体幹部と一直線になるところまで片脚を上げる

3
上げた脚を外側にゆっくり開き、ゆっくり元に戻す

4
元の姿勢に戻る

5
逆サイドでも同じことを行ない、元に戻したところで1回とカウントする

④レジストステップ

左右それぞれ　10回×2セット

※ チューブやバンドの強さで負荷を調整する

1
ひざ上にチューブやセラバンドを巻き、肩幅より少し広めのスタンスで真っすぐ腰を落とす

お尻に力を入れたまま股関節の筋肉を使う

お尻の筋肉を緊張させたまま、股関節外側やお尻の外側の筋肉に負荷をかけて動かすトレーニングです。太もも裏側の筋肉でなく、お尻の筋肉で中腰姿勢を維持することが大切です。

2
姿勢を崩さずに横に1歩踏み出す

3
もう一方の脚を引き寄せて元と同じスタンスにする。次に逆方向に1歩移動して1回とカウントする

⑤片脚グッドモーニング

クロール
背泳ぎ
バタフライ
平泳ぎ

お尻と背中の筋肉を使って上体を前に倒す

左右交互にそれぞれ 10回×2セット
※ 自分に合った負荷強度で行なう

片脚立ちでバランスをとりながら上体を前に倒すトレーニングです。体を前に倒したときに、立ち脚側のお尻の筋肉で骨盤を固定してバランスを維持します。メディシンボールなどを使うと負荷が高くなります。

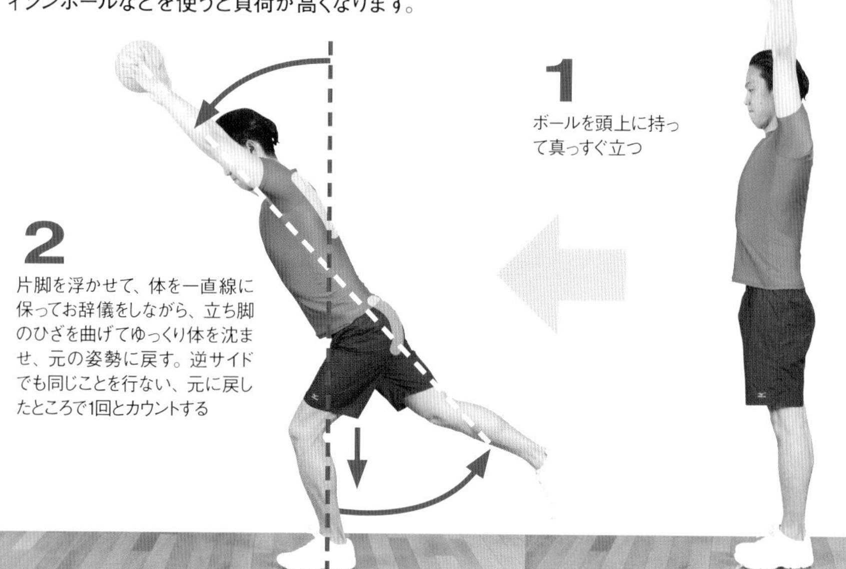

1
ボールを頭上に持って真っすぐ立つ

2
片脚を浮かせて、体を一直線に保ってお辞儀をしながら、立ち脚のひざを曲げてゆっくり体を沈ませ、元の姿勢に戻す。逆サイドでも同じことを行ない、元に戻したところで1回とカウントする

Advance 長い棒を持って行なう

長い棒を頭上に持って肩甲骨を内側に引き寄せたまま行なう片脚グッドモーニングです。スタートやターンで上体でストリームラインを作ってお尻の筋肉を使うときの体の使い方に近づきます。

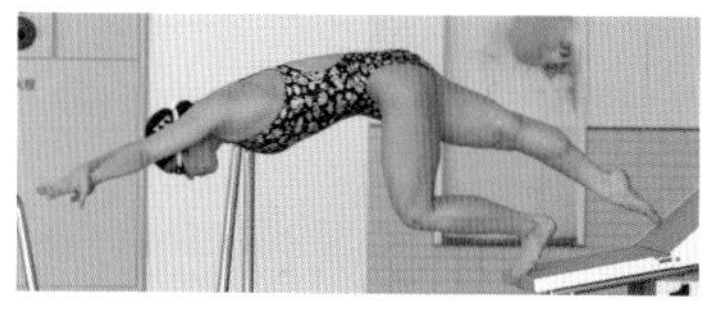

1
頭上に棒を持って真っすぐ立つ

2
姿勢を崩さずに片脚グッドモーニングを行なう

⑥アンバランススクワット

10回×2セット

※ バランスディスクやBOSUの裏側などを使用する

不安定な足場でお尻の筋肉でバランスをとるトレーニング

足もとが不安定なところでバランスをとりながらスクワットを行なうためには、太ももでなくお尻の筋肉を使う必要があります。お尻の筋肉の使い方に慣れるためのトレーニングです。

1

バランスディスクなどの足場が不安定なところでストリームラインを作って真っすぐ立つ

2

前後左右にバランスを崩さないようにゆっくり腰を落とし、ゆっくり元に戻す。お尻の筋肉を意識して体を上下に動かすことが大切。ひざの位置が前に出過ぎないように注意する

NG かかと重心

腰が反ってかかと重心にならないように注意する

NG ひざが前に出る

ひざの位置がつま先より前に出ると、つま先重心になったり、太もも前面の筋肉を使ったスクワットになる

⑦フロントスクワット

お尻の筋肉を使ったヒップスクワットをできるようにする

10回×2セット
※ 軽いボールを使用する

組んだ腕にボールを乗せてスクワットをすることで、お尻の筋肉を意識しやすくなります。お尻の筋肉を強化するために、太ももを使わないヒップスクワットをやっておきましょう。

NG ひざが出る

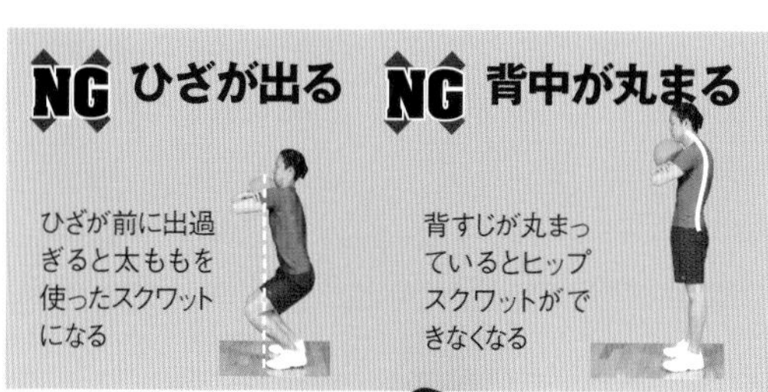

ひざが前に出過ぎると太ももを使ったスクワットになる

NG 背中が丸まる

背すじが丸まっているとヒップスクワットができなくなる

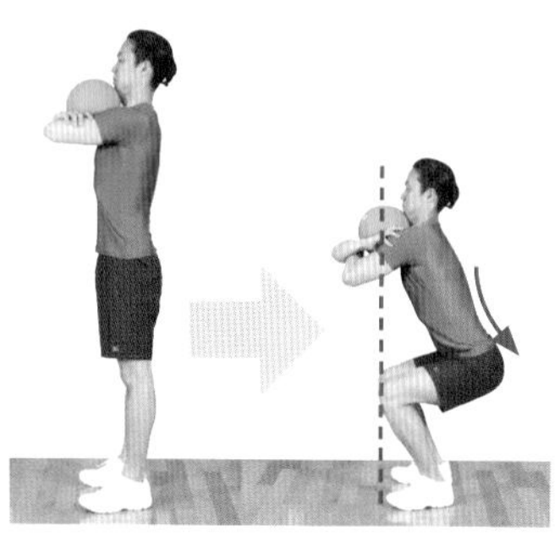

ひざがつま先より前に出ないように、後方にお尻を突き出すイメージで行なう

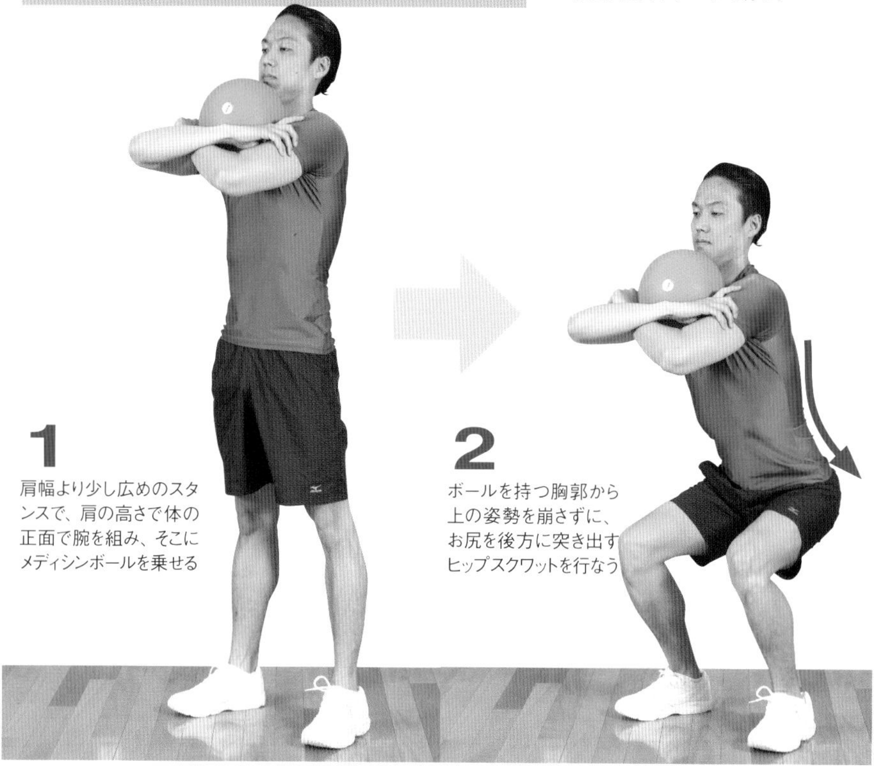

1

肩幅より少し広めのスタンスで、肩の高さで体の正面で腕を組み、そこにメディシンボールを乗せる

2

ボールを持つ胸郭から上の姿勢を崩さずに、お尻を後方に突き出すヒップスクワットを行なう

⑧大臀筋ジャンプ

左右それぞれ **10**回 × **2**セット

※ 泳法ごとの注意点など

クロール
背泳ぎ
バタフライ
平泳ぎ

お尻の筋肉が伸びたところからジャンプ動作を行なう

上体を前に倒した姿勢では、お尻の筋肉が伸ばされています。筋肉の伸びた力の入りにくい姿勢で、お尻の筋肉を使ったジャンプをすることで、強度の高いトレーニングになります。

1

ベンチなどの台に両手をついて片脚立ちになる。足の位置がベンチに近過ぎたり遠過ぎないように立ち位置に注意する

2

ひざを曲げて重心を真っすぐ下ろす

3

お尻の筋肉を使って真上にジャンプする

NG 足の位置が遠い

足の位置が離れていると太ももの筋肉を使ったジャンプになってしまう

⑨バーピージャンプ

クロール
背泳ぎ
バタフライ
平泳ぎ

バリエーションのある動きの中でおしりの筋肉を使う

10回 × 2セット

バーピージャンプでは、さまざまな部位の筋肉を使った複合的な動きを素早く行ないます。スイムからターンを行なって最後にお尻を使って壁を蹴る動作を想定したトレーニングです。

1

両脚をそろえて真っすぐ立った姿勢からスタート

2

足の少し前に手をついて両脚ジャンプで足を後方に移動し、腕立て伏せの姿勢になる

3

手をついたまま両脚を元の位置に戻して、腕を振り上げながらその場でジャンプする。これらの一連の動きを素早く連続して行なう

⑩ふん転がし

10秒×2セット

お尻の筋肉を使って後方に向かって床を押し込む

　クラウチングスタートでスターティングブロックやスタート台の前縁を脚で後方に押し込むときの力の入れ方に似たトレーニングです。足の位置が体の後方になると太ももの筋肉が動員されてしまうので、姿勢に気をつけましょう。

肩幅より少し広めのスタンスで腰を落とし、上半身を一直線に保った姿勢で壁にバランスボールを10秒間押しつける。下半身を垂直に保って行なうことが大切

⑪雑巾がけ

10歩 × 2セット

クロール
背泳ぎ
バタフライ
平泳ぎ

お尻の筋肉を使って体を前に押し出す

お尻の筋肉を使って体を前に押し出すトレーニングです。脚を前後に開いたところから力を発揮するので、クラウチングスタートの体の使い方に近くなります。

1

床に置いた雑巾の上に両手を乗せ、体幹を水平にして股関節とひざを90度に曲げた姿勢からスタートする

2

顔を下に向けたままお尻の筋肉を使って体を押し出すように前に進む

3

体が左右にブレないように、骨盤を固定して進行方向に真っすぐ押し出すことが大切

PART 7
動作の協調性を高めるトレーニング

COMBINATION

複雑な動きのトレーニングで動きの協調性を高めておく

連続した複雑な動きを継続するのが水泳の動作

ほかのスポーツ競技と異なり、水泳の動作は一つひとつの動きで収束しないのが特徴です。

例えば、クロールの場合だと、右腕と左腕を交互に動かしますが、どこかで両腕の動きが同時に止まることはありません。その一方で、脚ではキックを打ち続けています。さらに、姿勢を維持するために腹筋を使い続けています。これらの複雑な動きを、リズムよく泳ぎ終えるまで続けていくのがクロールです。

パワーポイントやタイミングのとり方は人それぞれ

動きの中で力を発揮するポイントやタイミングは選手によって異なります。ある選手は手で水をかく動作と逆脚のダウンキックでタイミングをとっていて

動作の協調性に必要な能力

- 腹圧を抜かずに連続した複雑な動作を継続できる
- 様々な部位の動きを連動できる（協調性が高い）
- バランスを崩さずに複雑な動きができる
- 左右対称の動きができる

も、別の選手は同側の脚で行なうダウンキックでタイミングをとっていたりするものです。しかし、いずれの場合も共通しているのは、フィニッシュまで体を動かし続けるということです。

動きの協調性や左右対称性を陸上で確認しておく

これらの複雑な動きをスムーズに行なうためには、陸上でもコンビネーションのトレーニングをしておくことが大切です。「上半身と下半身を連動させて動かすこと」と「持続して体を動かし続けること」をテーマにコンビネーショントレーニングで動作の協調性を高めておきましょう。

また、陸上トレーニングで、左右の筋力差や柔軟性の差をなくし、複雑な動きでも左右対称にできるようにしておくことが、効率的な水泳動作につながります。

陸上で左右対称に動けない場合、水泳動作になるとさらに大きな違いとなって現れます。

水泳のこれらの競技特性を踏まえて、本章では1つの運動動作で終えずに、運動周期があるトレーニングを中心に紹介しています。

連続動作のあるトレーニングを行なうことで、上半身と下半身、右と左のバランスが維持できているか、腹筋を使った状態で動きを維持できているかどうかを確認することができます。陸上で少し複雑な動きのトレーニングをしておくことで、最終的に満遍なく動かせる体を手に入れることができます。

①ロケット胸郭リフト

各バリエーション 10回×2セット
※ できるだけ高く上げる

体幹や下半身と胸郭の動きを連動させて力を発揮する

腹圧を入れた状態で胸郭から下半身を動かす動作をできるようにするためのトレーニングです。ひねり動作には胸郭の可動域が求められます。

1
あお向けに寝て、両手で床を押さえて体を安定させ、両脚をそろえて垂直に上げる

2
脚を真っすぐ上げるイメージで、胸椎が曲がるところまで下半身と背中を床から浮かせる

Advance ひねり動作を入れながら上げる

お尻を上げるときに、胸郭を柔らかく使って、胸から下半身をひねるイメージで脚を高く持ち上げましょう。

②ロケット腹筋リフト

クロール
背泳ぎ
バタフライ
平泳ぎ

各バリエーション 10回×2セット
※ 腰から下の部分だけを床から浮かせる

左右の筋力差をなくして水泳動作の左右差をなくす

腹圧を入れた状態で体幹部を動かす動作をできるようにするためのトレーニングです。ひねりを加えることで、側腹部の筋力の左右差を確認して、自分の弱い方や苦手な方を強化していきましょう。

1
あお向けに寝て、両手で床を押さえて体を安定させ、両脚をそろえて垂直に上げる

2
脚を真っすぐ上げるイメージで、肩甲骨を床につけたまま床から下半身を浮かせ、ゆっくり元の姿勢に戻る

Advance ひねり動作を入れながら上げる

胸郭の下端までを床につけて、胸郭の動きを使わずに側腹部の筋肉を使って下半身をひねりながら脚を高く持ち上げるトレーニングです。

③キャタピラ

各バリエーション 左右それぞれ 4回×2セット

※ お尻と背中を移動して1回とカウントする

体幹をねじりながら、お尻→背中の順に横に移動していく。4回移動したところで、移動する向きを変えて最初の位置に戻る

Advance キャタピラ+つま先タッチ

脚を内側に閉じる太もも内側の筋肉（内転筋）を緊張させたまま、側腹部の筋肉を使って上体を起こすトレーニングです。左右に不安定な動きの中でも、しっかり力を入れて上体を起こせるようにしましょう。

1

下半身→上半身の順に横に移動する通常のキャタピラを1回行なう

上半身と下半身で連続したねじり動作を行なう

上半身と下半身をねじって横に移動するので、体幹部の左右の筋肉（腹斜筋）を使い続ける動きになります。体幹の持続的な運動をできるようにするためのトレーニングです。

1
あお向けで両ひざを90度に曲げて上げ、ひざの間にボールを挟む。両手を胸に当てて頭を浮かせる

2
ボールをひざに挟んだまま、背中を支点に体を回転させ、お尻を横方向に移動させる

3
お尻を支点に上体を右に移動させる。ここまでを1回とカウントして4回移動したところで向きを変え、逆方向に4回行なう

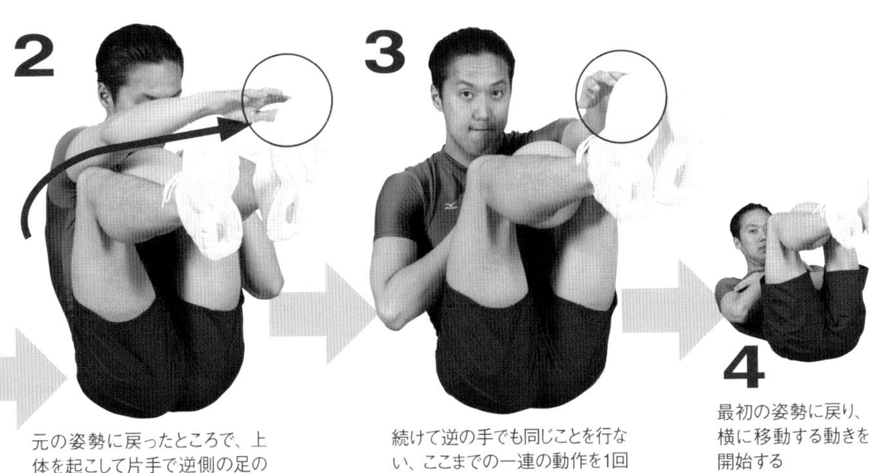

2
元の姿勢に戻ったところで、上体を起こして片手で逆側の足のつま先にタッチする

3
続けて逆の手でも同じことを行ない、ここまでの一連の動作を1回とカウントする

4
最初の姿勢に戻り、横に移動する動きを開始する

④ローリングタッチ

クロール
背泳ぎ
バタフライ
平泳ぎ

左右交互にそれぞれ 10回×2セット
※ V字腹筋の回数をカウントする

腹筋と背筋を交互に連続して動かすトレーニング

手脚を使わずに横方向に転がるためには、体幹の前面と背面の筋肉を連続して交互に動かし続ける必要があります。腹筋と背筋のバランスが悪いと真横に転がれなくなります。

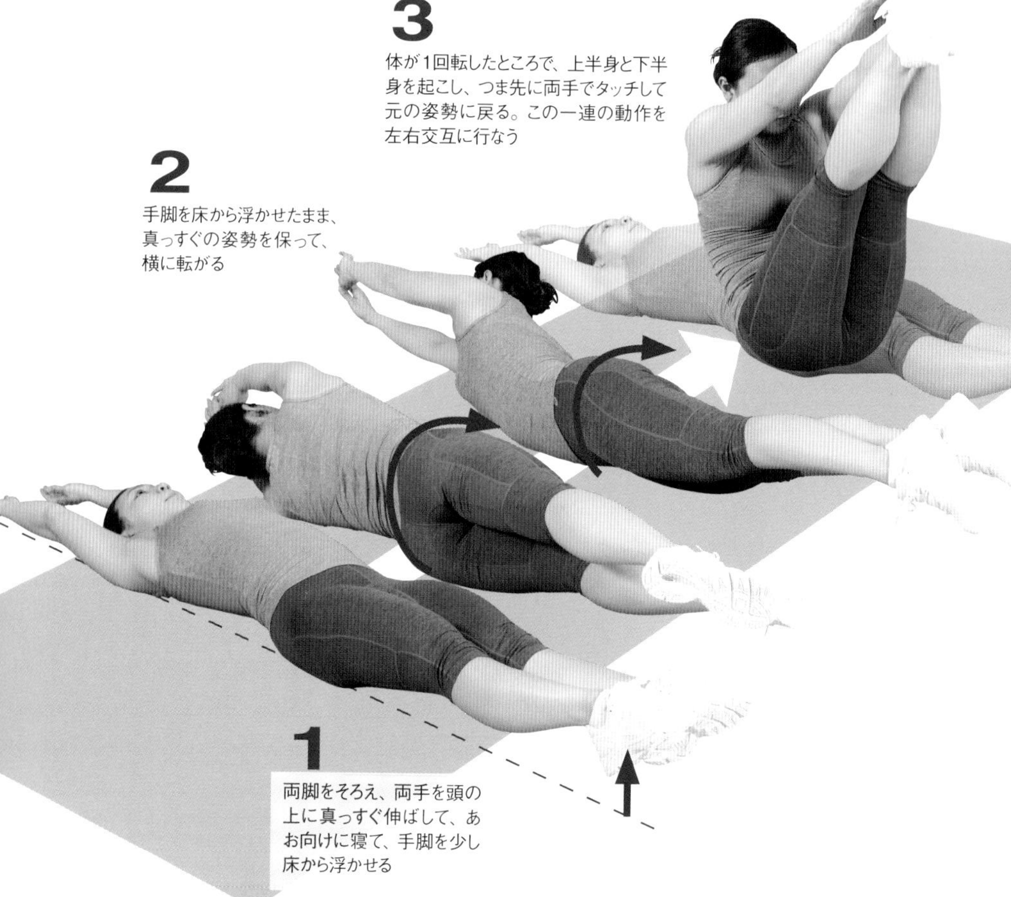

3
体が1回転したところで、上半身と下半身を起こし、つま先に両手でタッチして元の姿勢に戻る。この一連の動作を左右交互に行なう

2
手脚を床から浮かせたまま、真っすぐの姿勢を保って、横に転がる

1
両脚をそろえ、両手を頭の上に真っすぐ伸ばして、あお向けに寝て、手脚を少し床から浮かせる

Advance 片手片脚タッチで行なう

側腹部の筋肉を使って、上体をひねりながら起こすローリングタッチです。苦手なサイドをなくし、左右対称の動きができるようにしておきましょう。

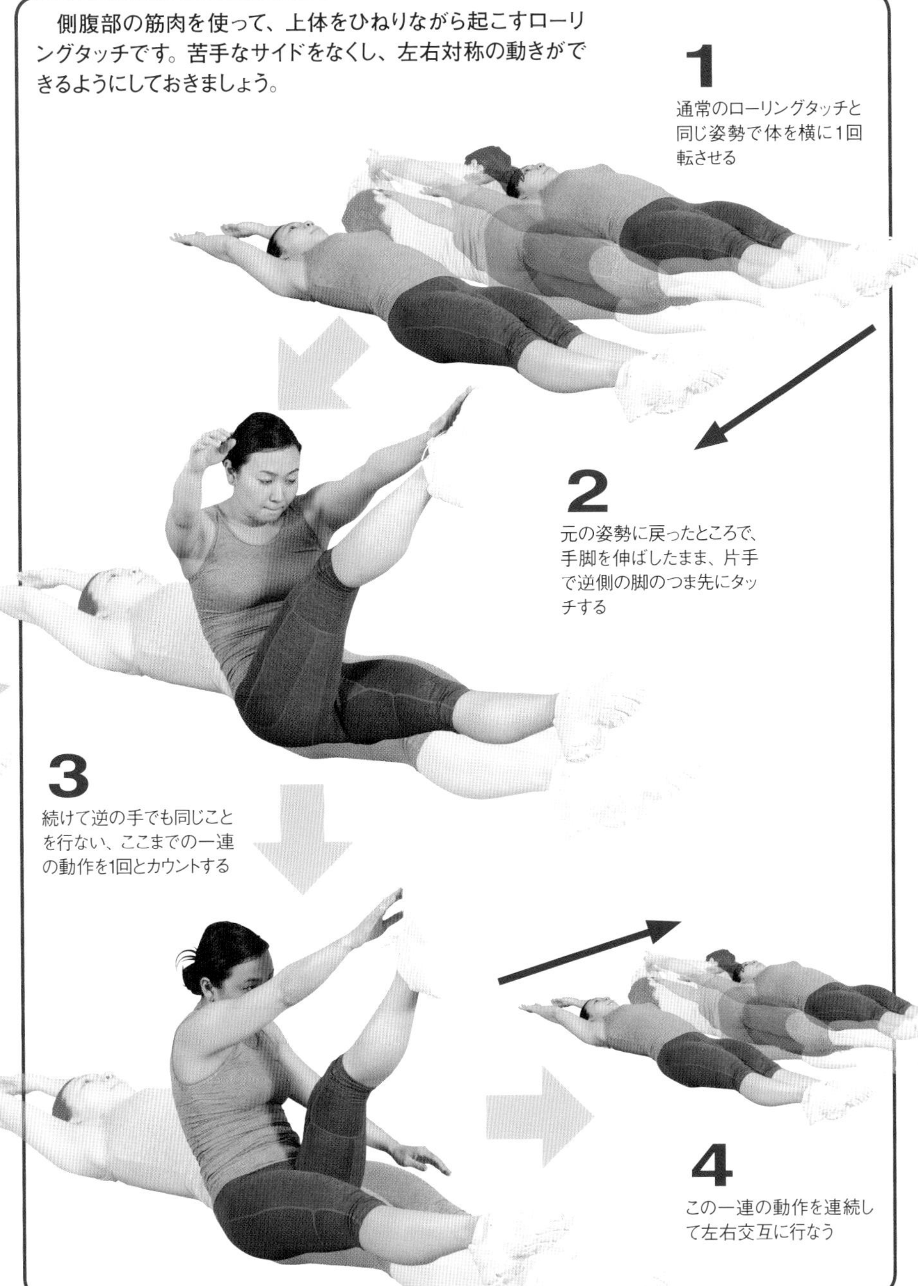

1

通常のローリングタッチと同じ姿勢で体を横に1回転させる

2

元の姿勢に戻ったところで、手脚を伸ばしたまま、片手で逆側の脚のつま先にタッチする

3

続けて逆の手でも同じことを行ない、ここまでの一連の動作を1回とカウントする

4

この一連の動作を連続して左右交互に行なう

⑤V字腹筋

上半身と下半身のバランスを整えるためのトレーニング

10回×2セット

　体幹部上部と下部の筋力バランスがとれていれば、上半身と下半身がほぼ同じ角度になるように上げることができます。これは、水泳動作のプル動作とキック動作のバランスにもつながります。どちらかが弱いようであれば、補強トレーニングを行なってバランスを整えておくようにしましょう。

1
両脚をそろえ、両手を頭の上に真っすぐ伸ばして、あお向けに寝て、手脚を少し床から浮かせる

2
上半身と下半身を起こす角度が同じくらいになるようにつま先にタッチして、元の姿勢に戻る

脚が上がらない人は

　体幹下部の筋力が弱く脚が上がらない人は、あお向けに寝たところから下半身だけを上下させる補強トレーニングをしておくといいでしょう。

⑥シャクトリムーブ

上半身→体幹→下半身の順に力を伝達するトレーニング

10回×2セット

腕→肩甲骨→体幹→太もも前面の順に力を伝達していくトレーニングです。すべての部位をバランスよく使えるようになると、ムチがしなるような動きになります。

1

太もも前面をバランスボールに乗せ、両手で床を押さえて体を一直線にする

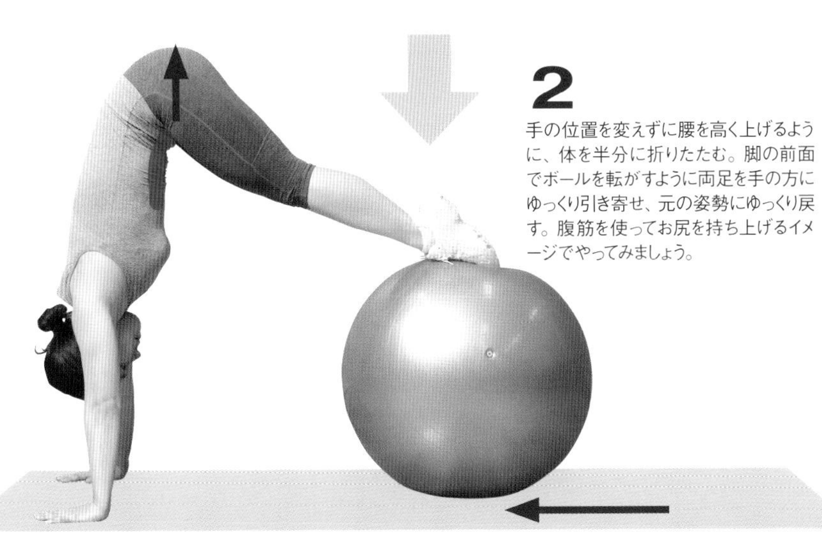

2

手の位置を変えずに腰を高く上げるように、体を半分に折りたたむ。脚の前面でボールを転がすように両足を手の方にゆっくり引き寄せ、元の姿勢にゆっくり戻す。腹筋を使ってお尻を持ち上げるイメージでやってみましょう。

⑦ワイドスクワット&ツイスト

左右交互にそれぞれ 10回×2セット
※ ひじが閉じてしまう場合variationを行なう

股関節、胸郭、肩甲骨の可動域を広げておくことが大切

肩甲骨を引き寄せ、股関節の筋肉を伸展させた状態で、体の軸をぶらさずに胸郭を柔らかく動かして体をひねります。協調性が求められる筋肉群の柔軟性を動きの中で高めておきましょう。

1
両手を頭の後ろで組み、つま先を外側に向けて広いスタンスで腰を落とす

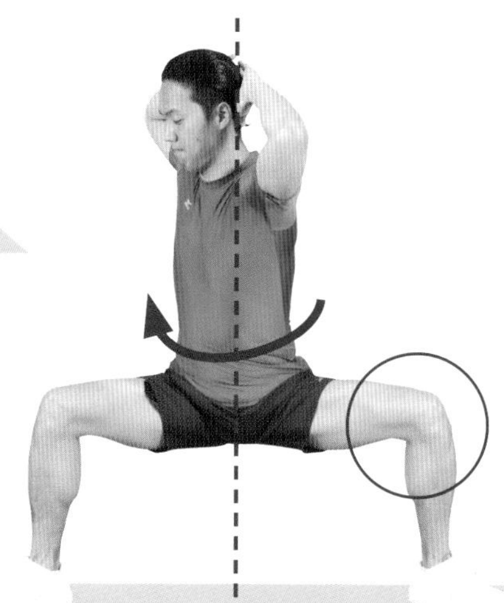

2
肩甲骨を内側に寄せた姿勢を変えずに上体をひねる。体をねじる方向と反対側のひざが内側に倒れないように注意する

3
連続して上体を逆側にひねって1回とカウントする

Variation 棒を背負って行なう

体をひねったときに肩甲骨が左右に開いてしまう人は、長い棒などを背負って肩甲骨を内側に引き寄せた状態を維持して上体を左右にひねりましょう。

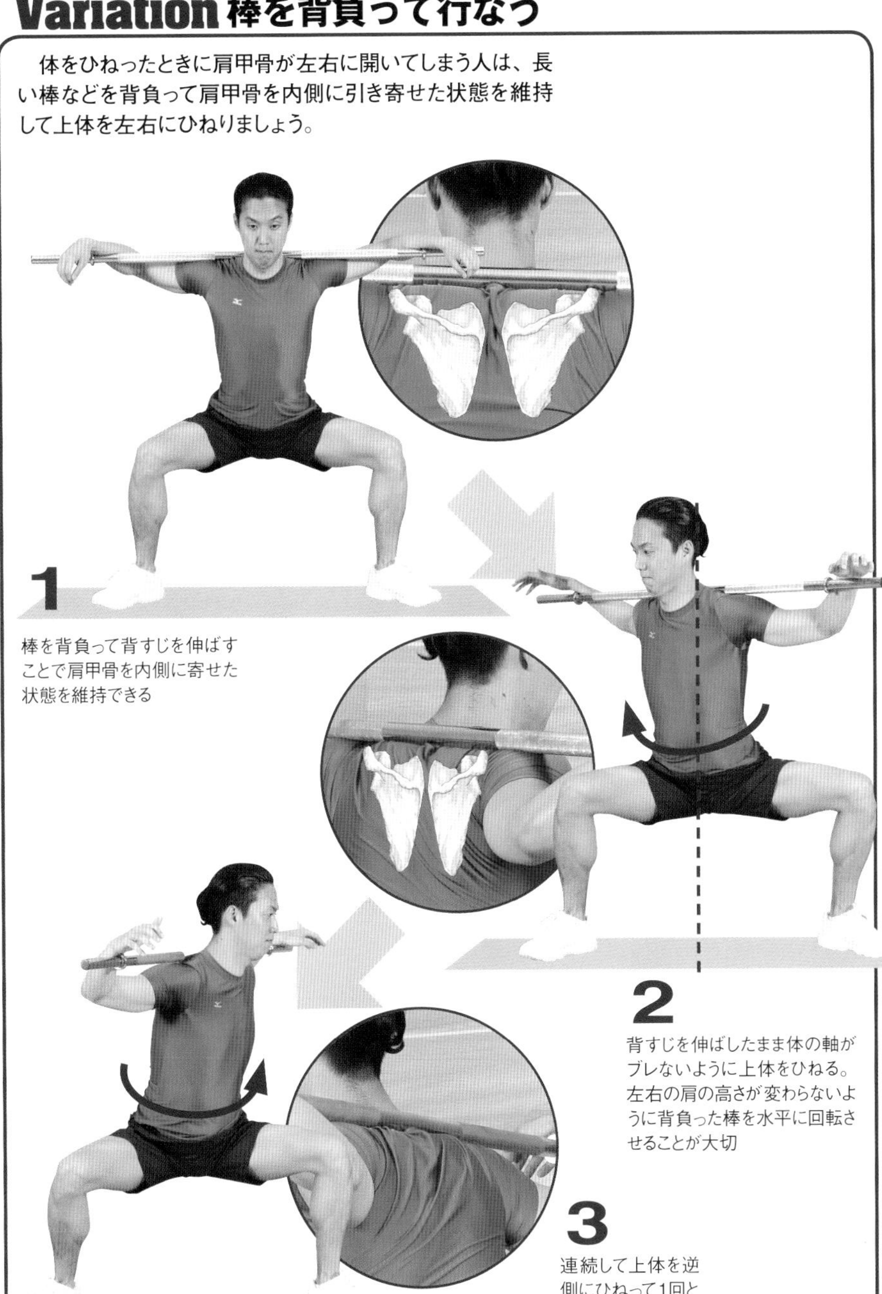

1

棒を背負って背すじを伸ばすことで肩甲骨を内側に寄せた状態を維持できる

2

背すじを伸ばしたまま体の軸がブレないように上体をひねる。左右の肩の高さが変わらないように背負った棒を水平に回転させることが大切

3

連続して上体を逆側にひねって1回とカウントする

⑧アリゲーターウォーク

10歩×2セット

水泳に必要な柔軟性や筋力が必要とされるトレーニング

腹圧を入れた状態で、体の側面の筋肉の柔軟性、股関節と肩甲骨の可動域、お尻の筋肉を使った重心移動などが求められる動きです。左右対称の動きができるようにしておきましょう。

1

うつ伏せで体を床から浮かせ、片側のひじとひざをつける。肩甲骨を寄せ、後ろ脚のひざを伸ばす

2

後ろにある足と手（写真では右足と左手）を前方に移動し、**1**と左右対称の姿勢になる。動作を繰り返してワニのように歩く

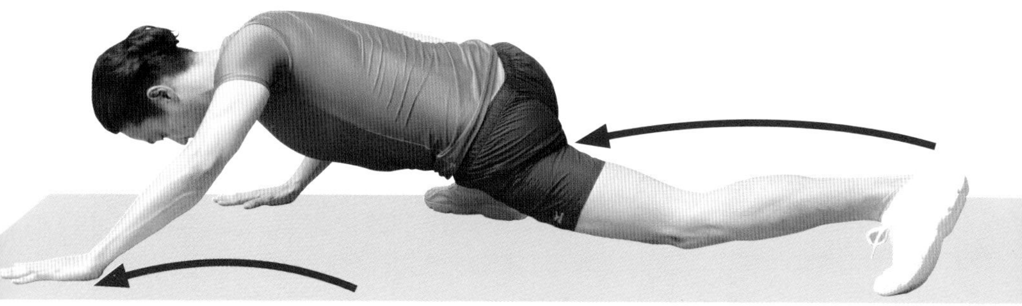

⑨あお向け骨盤リフト

各バリエーション
左右それぞれ
10回 × **2**セット

脚を動かしても姿勢を維持する筋持久力を高める

脚を動かしているときでも、腹圧を抜かずに姿勢を維持しながら、お尻の筋肉を使って骨盤を固定できるようにしておきましょう。

1

あお向けに寝て、片足をイスの横に置き、もう一方の足をイスに乗せて腹圧を入れる

2

肩から足の先までが一直線になるように腰を浮かせる

3

骨盤を左右に傾けずに、ひざを伸ばしたまま浮かせた脚をゆっくり上げ、ゆっくり元に戻す

パートナーのひざに足を乗せて行なう

パートナーのひざを使って行なうこともできます。イスほど安定していないので、乗せている脚側のお尻にかかる負荷が高くなります。

Advance① 片脚を横に広げる

あお向け骨盤リフトの姿勢から、浮かせた脚を外側に広げるトレーニングです。重心が外側に移動するぶん、骨盤をしっかり固定する必要があります。

1

あお向け骨盤リフトの姿勢で体を一直線にする

2

浮かせている脚をゆっくり外側に広げ、ゆっくり元の姿勢に戻る。腹圧を抜かずに支持脚側のお尻の筋肉を使って骨盤を水平に保つ

パートナーのひざに足を乗せて行なう

パートナーのひざを使って行なうこともできます。イスほど安定していないので、乗せている脚側のお尻にかかる負荷が高くなります。

Advance② ボールを挟んで行なう

ボールをひざの間に挟んで行なうあお向け骨盤リフトです。ひざでボールをつぶすように力を入れることで、体幹、お尻、脚を内側に閉じる筋肉（内転筋）とお尻の筋肉を連動させるためのトレーニングです。

1

あお向けで腹圧を入れ、ひざの間にソフトジムなどの軟らかいボールを挟む

2

ボールを両側から挟み込んだまま、体が一直線になるところまでゆっくり腰を浮かせ、ゆっくり元の姿勢に戻る

パートナーのひざに足を乗せて行なう

パートナーのひざを使って行なうこともできます。イスほど安定していないので、乗せている脚側のお尻にかかる負荷が高くなります。

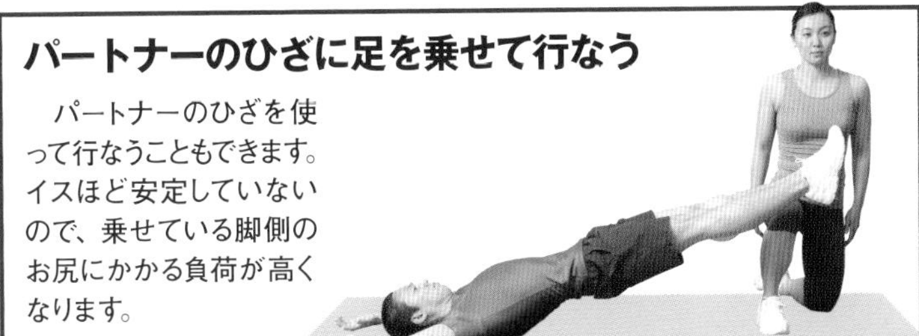

⑩インサイドブリッジ

側腹部と太もも内側の筋肉を連動させる

左右それぞれ 10回×2セット

※ 適当なイスがない場合はパートナーと行なう

上半身と下半身を連動させて左右方向のバランスを整えるためのトレーニングです。支えている側の太もも内側の筋肉（内転筋）と床側の側腹部の筋肉を使いましょう。

1

横向きに寝て上側の脚をイスに乗せる。下側の腕を頭上に伸ばし、体が前後にぐらつかないように上側の手を胸の前について姿勢を安定させる

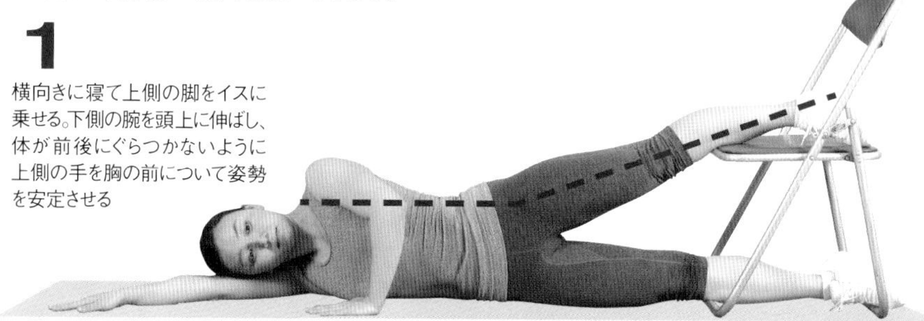

2

床側の体側の筋肉を使って、上側の脚から肩までが真っすぐになるところまで、下側の脚は床につけたまま腰だけをゆっくり浮かせ、ゆっくり元の姿勢に戻る

パートナーと行なう

1

パートナーが片ひざを立て、その上に片脚を乗せて行なう

2

イスより安定していないぶん姿勢を維持するのが難しくなる

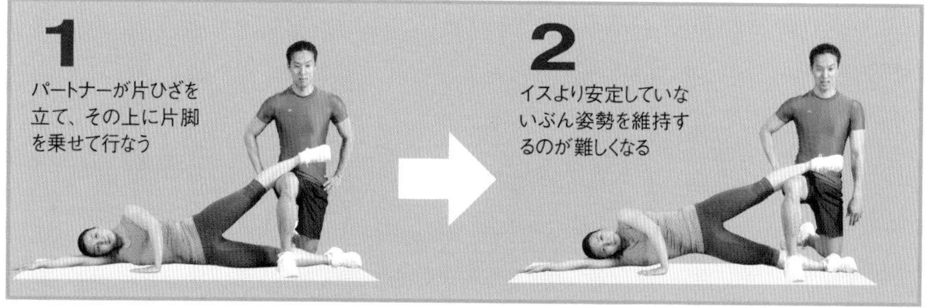

Advance 下側の脚を上げる

さらに負荷を高めたインサイドブリッジです。腰だけを浮かせるのではなく、下側の脚も浮かせて、体の床側の側腹部の筋肉を使いましょう。

1

横向きに寝て上側の脚をイスに乗せる。下側の腕を頭上に伸ばし、体が前後にぐらつかないように上側の手を胸の前について姿勢を安定させる

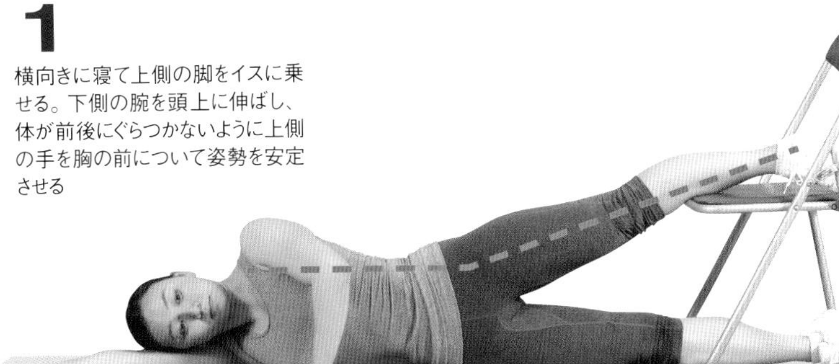

2

上側の体側の筋肉を使って、上側の脚から肩までが真っすぐになるところまで、下側の脚と一緒に腰をゆっくり浮かせ、ゆっくり元の姿勢に戻る

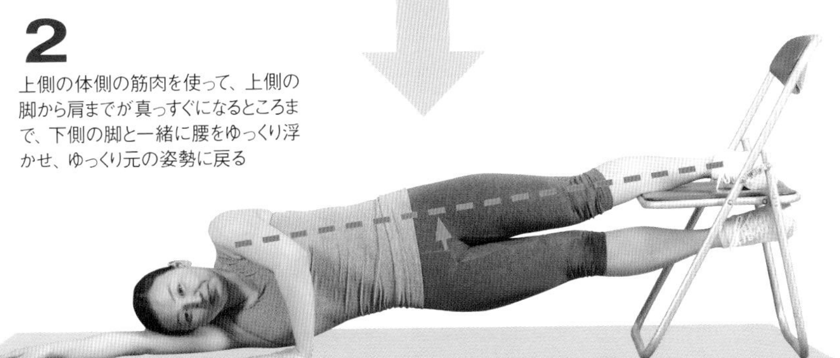

パートナーと行なう

1

パートナーが片ひざを立て、その上に片脚を乗せて行なう

2

イスより安定していないぶん姿勢を維持するのが難しくなる

⑪フルアークストレッチ

左右それぞれ 10~15秒×2セット

お尻と股関節、体側、肩甲骨まわりなど全体の柔軟性を高める

水泳に必要な筋肉を同時に伸展させることができるストレッチです。前足側のお尻、後ろ脚側の股関節前面、側腹部、胸郭、肩甲骨まわり、腕の外側の筋肉を伸展させることができます。

片ひざ立ちで脚を前後に大きく広げた姿勢から重心を前に移動させ、その位置で両腕を挙げて上体を側屈させる

目的に応じて、無理のないトレーニングメニューを考える

本書で紹介してきたトレーニングをすべて行なうのは不可能です。
安全かつ効果的に陸上トレーニングをするためには、
目的や用途に合わせて、正しい順序でトレーニングを行なうことが大切です。
ここでは、その一例を紹介します。

MENU ①

基本のウォーミングアップ例

プールでのスイムトレーニングを行なう前にやっておきたいウォーミングアップです。
可動域を広げるトレーニングや体幹を意識するプログラムを中心に行ないましょう。

順序	トレーニング名	回数	セット数	掲載ページ
1	胸郭ストレッチ ※1	15秒	2セット	24ページ
2	横向き大腿四頭筋ストレッチ ※1	15秒	2セット	25ページ
3	股関節外旋筋ストレッチ ※1	15秒	2セット	109ページ
4	ドローインで片脚上下	10回	2セット	27ページ
5	トランクツイスト	10回	2セット	80ページ
6	ドローインで脇腹上げ	10回	2セット	42ページ
7	肩甲骨 4動作(うつ伏せドローイン)	10回	2セット	89ページ
8	あお向け骨盤後傾エクササイズ	10回	2セット	100ページ
9	両脚バックブリッジ	10回	2セット	122ページ
10	フロントブリッジ片脚上げ	10回	2セット	102ページ
11	片手挙げフロントブリッジ	10回	2セット	44ページ
12	フルアークストレッチ	15秒	2セット	154ページ

※1　個人差があるが筋肉の伸びを感じながら10〜15秒程度行なう

MENU②

上半身強化のトレーニングメニュー例

キャッチやプルなどのストローク動作を強くするためのトレーニングメニュー例です。
左右差の大きい人は、柔軟性がないサイドや筋力の弱いサイドを
重点的に行なう補足トレーニングを入れるのも効果的です。
キャッチやプルのプログラムとコンビネーション系トレーニングを
併せてやっておくといいでしょう。

順序	トレーニング名	回数	セット数	掲載ページ
1	バランスボールツイスト	10回	2セット	82ページ
2	肩甲骨 4動作(バランスボール)	10回	2セット	86ページ
3	ロケット胸郭リフト(ツイスト)	10回	2セット	137ページ
4	ロケット腹筋リフト(ツイスト)	10回	2セット	139ページ
5	肩甲骨 4動作(チューブ)	10回	2セット	88ページ
6	キャタピラ	4回	2セット	140ページ
7	チョッピング腹筋	10回	2セット	64ページ
8	片ひじつきツイストクランチ	10回	2セット	48ページ
9	ローラー腹筋	10回	2セット	47ページ
10	パートナープルアップ	10回	2セット	66ページ
11	ワイドスクワット&ツイスト ※1	10回	2セット	146ページ
12	アリゲーターウォーク	10回	2セット	148ページ
13	シャクトリムーブ	10回	2セット	145ページ
14	ドローインで床押し	10回	2セット	46ページ

※1　肩甲骨を寄せられない人は棒を背負って行なう

MENU ③

下半身強化のトレーニングメニュー例

キック動作やスタート&ターンを強くするためのトレーニングメニュー例です。
背泳ぎの選手は泳法に合った姿勢で行なったり、平泳ぎの選手はキック強化のために
スタート&ターンのプログラムを多めにとり入れるなど工夫してみましょう。
キックやスタート&ターンのプログラムとコンビネーション系トレーニングを
併せてやっておくといいでしょう。

順序	トレーニング名	回数	セット数	掲載ページ
1	ドローインで両脚上げ	10回	2セット	98ページ
2	インサイドブリッジ ※1	10回	2セット	152ページ
3	アウトサイドブリッジ ※1	10回	2セット	101ページ
4	片脚バックブリッジ①	10回	2セット	123ページ
5	片脚バックブリッジ②	10回	2セット	124ページ
6	ロケット腹筋リフト	10回	2セット	138ページ
7	あお向け両脚下ろし ※1	10回	2セット	106ページ
8	V字腹筋	10回	2セット	144ページ
9	ローリングタッチ	10回	2セット	142ページ
10	片脚グッドモーニング ※1	10回	2セット	126ページ
11	アンバランススクワット	10回	2セット	127ページ
12	大臀筋ジャンプ	10回	2セット	129ページ
13	ふん転がし	10回	2セット	131ページ
14	雑巾がけ	10回	2セット	132ページ

※1　自分に合った負荷で行なう

Author

著者

小泉 圭介 （こいずみ けいすけ）

1971年1月、福井県出身。早稲田大学大学院スポーツ科学研究科修了。理学療法士（認定スポーツ理学療法）、日本スポーツ協会公認アスレティックトレーナー、日本障がい者スポーツ協会公認障がい者スポーツトレーナー。日本水泳連盟医事委員、日本身体障がい者水泳連盟技術委員。フィットネスクラブでインストラクター経験を積んだ後、理学療法士免許を取得。複数の病院でリハビリテーション業務に携わり、東京衛生学園専門学校専任教員、国立スポーツ科学センタースポーツ医学研究部アスレティックトレーナー、東京スポーツレクリエーション専門学校専任教員を経て令和2年より東都大学幕張ヒューマンケア学部理学療法学科講師。帯同トレーナーとしてロンドン五輪やリオパラリンピックなど数々の国際大会で日本代表チームのサポートを行っている。

Models

加藤 ゆか （かとう ゆか）

1986年10月30日、愛知県出身。東京SC所属。板橋区非常勤職員。2012年ロンドン五輪メドレーリレー銅メダリスト。バタフライ日本代表選手として数々の実績を残し、2013年に現役を引退

佐野 秀匡 （さの ひでまさ）

1984年5月28日、富山県出身。明治大学職員。同大学水泳部助監督。個人メドレー日本代表選手として数々の国際大会に出場。2012年に現役を引退し、現在は後身の指導にあたる

おわりに

一般的に水泳は体によいスポーツとされています。読者の皆さんにも、健康のために泳ぎ始めたという方も少なくないことでしょう。しかし、水泳を競技として突き詰めていくと、決して水泳だけで健康になれるわけではありません。

水泳をしていてどこかが痛くなった場合、その原因のほとんどは、体のアンバランスか技術的問題にあります。水泳を健康的に楽しむためには、その準備を陸上でしておく必要があります。

本書で紹介しているトレーニングは、筋肉を増やすことではなく、今まであまり使われずに眠っている筋肉を動かすことを目的としています。自分が苦手としている体の使い方や動作を、こつこつ繰り返していくことでバランスのいい体になります。

これらのトレーニングを通じて、水泳の技術の向上につながるだけでなく、日常生活もより快適に過ごせるようになるはずです。

体を動かす感覚は人それぞれ異なります。正しい姿勢や正しい体の使い方をするにはどうすればよいか、自分でいろいろ感じ、考えながらトレーニングしてください。

Staff

編　　集　権藤海裕（les Ateliers）
装　　丁　伊勢太郎（アイセックデザイン）
本文デザイン　LA Associates
撮　　影　河野大輔
イラスト　仁科みゆき

新版
4泳法がもっと楽に！ 速く！
泳げるようになる
水泳体幹トレーニング

2020年2月29日　初版第1刷発行

著　者　小泉圭介
発行者　滝口直樹
発行所　株式会社マイナビ出版
〒101-0003　東京都千代田区一ツ橋2-6-3 一ツ橋ビル2F
電　話　0480-38-6872（注文専用ダイヤル）
03-3556-2731（販売）
03-3556-2735（編集）
E-MAIL　pc-books@mynavi.jp
URL　https://book.mynavi.jp

印刷・製本　シナノ印刷株式会社

ISBN978-4-8399-7235-6

Printed in Japan